Thomas Schönfuß

Fromm und frei

Geistlich leben

Thomas Schönfuß, Pfarrer, Jahrgang 1954, studierte in Leipzig Theologie. Nach verschiedenen Gemeindepfarrstellen arbeitete er 20 Jahre in der Aus- und Fortbildung für Pfarrer und Pfarrrinnen und qualifizierte sich in den Bereichen Seelsorge, Gemeindeberatung und Geistliche Begleitung. Derzeit leitet er das Haus der Stille in Grumbach bei Dresden.

Bibliografische Information der Deutschen Nationalbibliothek
Die Deutsche Nationalbibliothek verzeichnet diese Publikation in der Deutschen Nationalbibliografie; detaillierte bibliografische Daten sind im Internet über http://dnb.dnb.de abrufbar.

Printed in Germany · H 7876

Das Buch wurde auf alterungsbeständigem Papier gedruckt.

Cover: Kai-Michael Gustmann, Leipzig
Coverfoto: © jd-photodesign – Fotolia.com
Layout und Satz: Steffi Glauche, Leipzig
Druck und Binden: BELTZ Bad Langensalza GmbH

ISBN 978-3-374-03191-7
www.eva-leipzig.de

Vorwort

Als ich einem katholischen Freund von dem Buchprojekt erzählte und ihm auf Nachfrage den Titel nannte, schmunzelte er und sagte: »Sind Katholiken nicht fromm und frei?«

Wenn ein Buch über evangelische Spiritualität unter dem genannten Begriffspaar erscheint, liegen vielleicht ähnliche Rückfragen nahe. Die Attribute »fromm und frei« würde ich meinem katholischen Freund ohne Weiteres auch bescheinigen. Und doch meine ich, dass im Hinblick auf das Wort »frei« eine evangelische Besonderheit mitschwingt. Luthers Schrift zur »Freiheit eines Christenmenschen« (vgl. unter 2.2.1) hat die evangelische Frömmigkeit entscheidend geprägt und den Typus des protestantischen Menschen begründet. Insofern fängt der Titel meines Erachtens schon einen wesentlichen Impuls evangelischer Spiritualität ein. Freilich ohne zu implizieren, dass andere Konfessionen davon ausgenommen sind. Ich hoffe, dass die Leser und Leserinnen diese Absicht bei der Lektüre bestätigt finden.

Mein eigener geistlicher Weg ist keine gerade Linie. In meiner vogtländischen Heimat bin ich in vielfältiger Weise in das Leben der Kirchgemeinde hineingewachsen, und in gewisser Weise folgerichtig studierte ich dann Theologie. Die große Stadt mit ihren (auch geistlichen) Angeboten ließ mich vieles kennenlernen und doch den eigenen Stil nicht finden. In meiner ersten Gemeinde als junger Pfarrer waren es vor allem ältere und alte Frauen, die mir in erstaunlicher Offenheit von ihren geistlichen Erfahrungen erzählten, oft auf dem Hintergrund von Krieg und Flucht. Nicht nur im

Hinblick auf meinen Pfarrberuf habe ich viel von ihnen gelernt. Später in meiner zweiten Gemeinde am Rande einer großen Stadt waren es die Kirchenglocken, die mich im täglichen Rhythmus zum Innehalten mitten im Tagwerk und zum Gebet riefen. Aber erst ein Besuch in Taizé half mir in einem längeren Prozess, so etwas wie ein regelmäßiges, nämlich tägliches, geistliches Leben zu entwickeln. Das praktiziere ich nun schon viele Jahre, mitunter verändert sich das eine oder andere Element, aber im Wesentlichen habe ich vor Jahren meine Form gefunden. Im Rückblick denke ich, die unermüdliche Triebkraft war die Sehnsucht. Wenn die Sehnsucht nach einem gestalteten geistlichen Leben da ist und über einen längeren Zeitraum wach bleibt, findet sich auch schrittweise die Form.

Der Inhalt des Buches bedarf zum Verstehen keiner Fachkenntnisse. Jedes Kapitel schließt mit einer Zusammenfassung. Die Belegstellen für verwendete Zitate finden Sie entweder direkt im Text oder am Ende des Kapitels unter den Hinweisen zum Weiterlesen.

Zum Schluss ein Wunsch: Möge die Lektüre gerade bei Ihnen, liebe Leserin und lieber Leser, eigene Prozesse zur Gestaltung eines geistlichen Lebens anregen oder vertiefen.

Inhalt

1 Menschen auf der Suche nach Gott

Menschen sind auf der Suche – so lange sie leben. Aber sind sie auch auf der Suche nach Gott? Ist Gott »der uralte Turm«, den Rainer Maria Rilke »jahrtausendelang umkreist«, heute noch ein Thema? (Rainer Maria Rilke, Das Stunden-Buch, Ausgewählte Werke Band 1, Leipzig 1938, S. 9) Nach der Aufspaltung des christlichen Glaubens in einen bunten Strauß verschiedener Konfessionen und Richtungen, nach Hexenverbrennung und Holocaust, nach kommunistischer Diktatur und kapitalistischen Wohlstandsversprechen? Ja, Gott ist nach wie vor ein Thema, wie ein Blick in die Zeitgeschichte und in beispielhaft ausgewählte Biografien zeigt.

1.2 Zwischen Freiheit und Orientierungslosigkeit

Menschen sind auf der Suche nach Gott. Dieser bemerkenswerte Satz trifft zu – trotz aller Hochschätzung der Vernunft und des Fortschritts vor allem im 19. und 20. Jahrhundert. Und trotz aller damit einhergehenden Verachtung der Religion. Es ist noch nicht so lange her, da schien der Glaube an Gott nicht nur im kommunistischen Osten nahezu erledigt zu sein. Der Optimismus der Vernunft brachte ungeahnte Erkenntnisse und Errungenschaften in Wissenschaft und Technik hervor. Die grandiose Idee vom Menschen als Subjekt seiner Selbst ließ ihn in die Freiheit ausziehen – heraus aus aller selbstverschuldeten Unmündigkeit, heraus aus den

Fesseln, die ihm traditionelle Moralvorstellungen auferlegten, heraus aus der Bevormundung von Staat und Kirche. Der Fortschrittsglaube setzte und setzt darauf, dass die Welt erkennbar und veränderbar ist und sich die großen Menschheitsprobleme vernünftig lösen lassen. Eine große Hoffnung im politischen Bereich stellten im Osten die revolutionären Veränderungen der Jahre 1989 und 1990 dar. Es ging um nichts Geringeres als um die Freiheit.

Viele Hoffnungen haben sich erfüllt. Freilich bei Weitem nicht alle. Trotz großer Erwartungen konnten in den letzten 25 Jahren nach dem Ende der real-sozialistischen Regime etliche Kriege, Gewaltausbrüche und Terroranschläge nicht verhindert werden. Aber auch im privaten Bereich sehnen sich Menschen nach Sicherheiten, und die Umsätze der Versicherungen steigen. Die Sorge um den Arbeitsplatz, Angst vor Krankheiten und existenziellen Krisen nehmen bei Befragungen vorderste Plätze ein.

Ernüchterung hat sich ausgebreitet. Trotz bürgerlicher Freiheiten und weiterem Fortschritt in Wissenschaft und Technik bleibt das Leben mit erheblichen Risiken behaftet. Ja, nicht wenige haben den Eindruck, dass die gefühlte Gefahr größer wird.

»Vielleicht waren Menschen in unseren Breiten nie zuvor so frei wie heute. Aber mit der Freiheit wächst die Unübersichtlichkeit der verschiedensten Lebensentwürfe.«

Vielleicht waren Menschen in unseren Breiten nie zuvor so frei wie heute. Aber mit der Freiheit wächst die Unübersichtlichkeit der verschiedensten Lebensentwürfe. Toleranz ist ein Markenzeichen unserer Gesellschaft. Nahezu alles hat nebeneinander seinen Platz – christliche Gospelchöre neben afrikanischen Geisterbeschwörungen, ökologisch Engagierte neben buddhistischen Meditationszirkeln. Und der Einzelne muss sich seinen Weg durch diesen Dschungel bahnen.

Menschen sind auf der Suche nach Orientierung. Die Unübersichtlichkeit des Lebens nährt die Sehnsucht nach Klarheit und Eindeutigkeit. Die von vielen gegenwärtig erlebte Beliebigkeit behindert ebenso die Identitätsbildung wie überwundene Normenzwänge früherer Zeiten.

Auf diesem Hintergrund gedeiht neu die Frage nach Gott. Diese neue Offenheit für das Nicht-Rationale und Übernatürliche, die Suche nach Sinnstiftung, Vergewisserung und Rückbindung wird gern mit dem Begriff »Wiederkehr der Religion« beschrieben. Positiv verbindet sich damit die Überwindung der generellen Diesseitsorientierung der Moderne mit ihrer Verliebtheit in die unbegrenzte Gestaltungskraft der Vernunft. Insofern verändert die gegenwärtige Situation die Skepsis gegen alles Unerklärliche und Bestaunenswerte. Der Himmel öffnet sich wieder – im Bilde gesprochen – und gibt den Blick frei auf die Wirklichkeit Gottes. Die neue Religiosität ist freilich einerseits stark erfahrungsbezogen und sieht die verfassten Kirchen mit ihren definierten Glaubensinhalten (Dogmen) weitgehend kritisch. Andererseits präsentiert sich die neue Religiosität so bunt und vielgestaltig, dass sich die Kirchen gleichsam wie auf einem riesigen Markt der Welterklärer und Sinndeuter vorfinden. Ähnlich dem Apostel Paulus in Athen (Apg 17) kann man heute umhergehen zwischen den

»Diese neue Offenheit für das Nicht-Rationale und Übernatürliche, die Suche nach Sinnstiftung, Vergewisserung und Rückbindung wird gern mit dem Begriff ›Wiederkehr der Religion‹ beschrieben.«

verschiedenen Tempeln und Altären, um Anknüpfungspunkte für das Evangelium von Jesus Christus zu suchen. Das ist in der Tat die neue Chance unserer spirituell aufgeschlossenen gesellschaftlichen Gegenwart. Aber das ist nur die eine Seite. Die so genannte Wiederkehr der Religion zeigt ein zweites Gesicht: das der Beliebigkeit. Sie führt zu einer Verweltlichung, Banalisierung und Kommerzialisierung der religiösen Inhalte. Alles lässt sich finden auf dem Markt. Die Inhalte scheinen austauschbar zu sein. Jeder kann sich »seinen Glauben« aus den verschiedenen Angeboten wie in einem Warenkorb zusammensuchen. Ob sich auf diesem Weg freilich Halt und Trost im Leben und im Sterben findet, muss bezweifelt werden.

»Menschen suchen nach Gott – in der Tat wieder stärker als in den letzten Jahrzehnten des 20. Jahrhunderts. Aber sie geraten dabei in das Spannungsfeld von Freiheit und Orientierungslosigkeit.«

Menschen suchen nach Gott – in der Tat wieder stärker als in den letzten Jahrzehnten des 20. Jahrhunderts. Aber sie geraten dabei in das Spannungsfeld von Freiheit und Orientierungslosigkeit. Diese Situation bietet den Kirchen auch Chancen. Menschen sind auf ihrer Suche nach Halt und Orientierung im Leben auf das Evangelium von Jesus Christus ansprechbar. Dabei wird es darauf ankommen, ihrer Suche nach konkreten Erfahrungen der Nähe Gottes Raum zu geben. Wie das konkret aussehen kann, sollen die folgenden drei Beispiele ansatzweise zeigen.

1.2 Beispiele gegenwärtiger Glaubensbiografien

Eine Akademikerin, Mitte vierzig, suchte einen Seelsorger auf. Es ging ihr um geistliche Begleitung in einem längeren Prozess. Sie hielt Ausschau nach einer persönlichen Gestaltung, nach einem eigenen Ausdruck für ihren Glauben und staunte selbst über ihr Ansinnen. Sie wuchs auf wie Tausende in Ostdeutschland. Ihr Weg begann in einem Elternhaus, das keinerlei religiöse Bezüge kannte. Der Mann an ihrer Seite nahm sie mit in Kirchen. Sie gingen zu Konzerten, Lesungen und gelegentlich auch zu Gottesdiensten. Als er sich für seine Ehe eine kirchliche Trauung wünschte, willigte sie ein und ließ sich taufen. Sie war der evangelischen Kirche nahegekommen, ohne davon sonderlich berührt worden zu sein. Jahrzehnte später engagierte sie sich in einem anspruchsvollen Kirchenchor. Das Singen bereitete ihr Freude. Mit den Jahren entdeckte sie, dass die Melodien und Texte in ihr klangen, in ihr leben und innere Regungen auslösen. Überrascht stellte sie fest, dass sich in ihrem Herzen so etwas wie ein persönlich gefärbter Glaube herausgebildet hat. Fast kam es ihr so vor, als schaute sie sich dabei zu. Und sie stellte sich und in der seelsorgerlichen Begleitung die Frage: Welcher Ausdruck, welche Art Glaubensvollzug entspricht dem, was ich gerade erlebe? Dieses Erwachen zu einem persönlichen Gottesverhältnis möchte sie ab jetzt gestalten und in ein konkretes geistliches Leben einfließen lassen. Dazu sucht sie sich die Unterstützung einer geistlichen Begleitung.

Ein Ehepaar, vor Jahren wegen innerer Entfernung zum Glauben aus der Kirche ausgetreten, verliert den Sohn auf tragische Weise. In ihrem Schmerz findet es nach Monaten den Weg zu einer psychotherapeutischen Begleitung. Bedrängende Fragen bekommen Raum: Wo war Gott? Wieso hat er das zugelassen?

Beide sind künstlerisch engagiert und gewohnt, Erfahrungen und Empfindungen ins Bild zu setzen. Die dunklen Farben überwiegen, aber rüblickend stellen sie fest, dass sich die Farbgebung mit der Zeit verändert hat. Seelsorgerliche Gespräche helfen dabei, Gedanken und Gefühle zu ordnen. Sie helfen, sich dem Unfassbaren zu stellen. Nur zögerlich suchen sie zunächst Gottesdienste in ihrer Gemeinde auf. Speziell die kleine Kirche in der Nähe der letzten Ruhestätte ihres Sohnes bietet ihnen Zuflucht und Halt.

Eines ihrer Bilder trägt den Titel »Hoffnung«.

Ein Mann Ende fünfzig nimmt regelmäßige Gespräche zur geistlichen Begleitung in Anspruch. Er kommt aus einem frommen Haus, hat viele Jahre in kirchlichen Einrichtungen gearbeitet und gehörte zeitweise einer evangelischen Bruderschaft an. Gebet und Meditation sind ihm vertraut. Regelmäßig fährt er zu Exerzitien, zu geistlichen Übungszeiten im Schweigen. Sein Problem ist die Frage: Habe ich in meinem bisherigen Leben genug für Gott getan? Habe ich das aus mir gemacht, was Gott in mich hineingelegt hat? Werde ich seinen Erwartungen gerecht? Er buchstabiert auf seinem geistlichen Weg die reformatorische Erkenntnis: Gottes Liebe muss man sich nicht erarbeiten und seine Gnade kann man sich nicht verdienen. Im Kopf ist ihm das klar. Die Rechtfertigungsbotschaft gehört zu seiner lutherischen Gesinnung. Aber wie findet sie den Weg vom Kopf ins Herz? Und wie grenzt man die fromme Pflicht gegen Laxheit ab, der er um keinen Preis verfallen will?

Die drei groben Skizzen zeigen: Menschen fragen auf ganz unterschiedliche Weise nach Gott. Sie fragen jeweils auf dem Hintergrund der eigenen Lebensgeschichte und des eigenen Gottesbildes. Einer hinterfragt den Gott der treuen Pflichterfüllung, der scheinbar immer mehr will. Andere leiden an einem schweren Verlust und erfahren mitten im Schmerz und zunächst völlig unerwartet Trost und Halt. Und eine wird aufmerksam auf Melodien und Texte, die sie eigentlich anderen vorsingt und die sich schließlich an sie selbst wenden.

»Menschen fragen auf ganz unterschiedliche Weise nach Gott. Sie fragen jeweils auf dem Hintergrund der eigenen Lebensgeschichte und des eigenen Gottesbildes.«

Häufig beschreiben Menschen den umgekehrten Weg. Jemand wächst in einem christlichen Elternhaus auf und wird in kirchlichen Bezügen sozialisiert. Später entfernt er sich vom Glauben der Kindheit und verliert schrittweise die Verbindung zu Gott oder zur Kirche. So etwa erzählt es der in Leipzig lebende Schriftsteller Clemens Meyer in einem Rundfunkinterview. Auf die Frage »Woran glauben Sie?« schildert er die wenigen Prozent Gottesglauben, die ihm aus früherer Zeit geblieben sind. Und schließt mit dem Satz: »Den Rest Glauben kriegt man sicher nie ganz weg.« (in »Figaros Fragen« auf MDR Figaro, http://www.mdr.de/mdr-figaro/podcast/fragen/audiogalerie190-podcast.xml abgerufen am 30.08.13) Das klingt so, als würde er das versuchen und doch nicht restlos schaffen – den Glauben ganz wegkriegen. Vielleicht zeigt diese Äußerung auch eine Ahnung davon an, dass der Glaube an Gott nie allein eine Entscheidung des eigenen Willens ist.

Die Höhen und Tiefen biografischer Erfahrungen spiegeln sich im Verhältnis zu Gott und letztlich auch in der Zugehörigkeit zur Kirche. Viele Menschen mögen kirchliche Angebote als wenig kompatibel zu ihrem Lebensgefühl empfinden. Dennoch meldet sich die Frage nach Gott bisweilen unvermittelt und kann in konkreten Lebenssituationen unüberhörbar werden.

2 Evangelischer Glaube – Fromm und frei

Fromm und frei – ein Begriffspaar, das treffend die Grundmelodie evangelischen Christseins beschreibt. Der Begriff »fromm« wird später noch eigens zu betrachten sein, meint aber zunächst einfach die Orientierung an Gottes Wort. Der Begriff »frei« bezieht sich auf einen wesentlichen Aspekt protestantischen Selbstverständnisses, nämlich die Freiheit eines Christenmenschen: ein Christ, der seinen Glauben und sein Leben unmittelbar und ohne menschliche Vermittlung vor Gott verantwortet.

2.1 Orientierung an der Heiligen Schrift

Die Begriffe »fromm und frei« beschreiben treffend, was den Reformatoren so wichtig geworden ist und was seither evangelischen Glauben prägt: die Orientierung allein an der Heiligen Schrift. Alles andere, was kirchliche und theologische Traditionen an klugen Gedanken hervorgebracht haben, muss sich vor dem Schriftwort verantworten.

2.1.1 Glauben als Geschenk empfangen

Eine Grundüberzeugung reformatorischer Theologie lautet: Glauben kann man nicht machen, er ist ein Geschenk. Die Initiative geht von Gott aus. Schon die Berufung des Mose in Ex 3 (2 Mose 3) zeigt Gottes vorausgehendes Handeln. Gott spricht Mose aus dem brennenden Dornbusch an und knüpft den Kontakt durch seine Selbstvorstellung. Dann folgt der Auftrag. Mose soll zum Pharao gehen und die Israeliten aus Ägypten führen. Er ist keineswegs begeistert über diese Erwählung und versucht den Auftrag abzuwehren. Dennoch entwickelt sich aus dieser Urszene vom Anfang der Bibel eine lebenslange Verbindung. Mose glaubt dem Wort des Herrn und lässt sich auf Gottes Führung ein. Die Initiative liegt ganz und gar bei Gott.

»Eine Grundüberzeugung reformatorischer Theologie lautet: Glauben kann man nicht machen, er ist ein Geschenk.«

Die Mose-Geschichte zeigt den Glauben an Gott wie ein Widerfahrnis. Freilich, Mose willigt ein. Er wird nicht überwältigt oder gezwungen. Nach dem anfänglichen Erschrecken (wer bin ich?) traut Mose der Zusage Gottes und vertraut sich seiner Führung an.

Ganz anders, aber in der Konsequenz auf gleicher Linie, schreibt Paulus in 1 Kor 12,3: »Niemand kann Jesus den Herrn nennen außer durch den Heiligen Geist.« Hier geht es nicht um eine Berufung, sondern um Streit. Paulus versucht den Korinthern Richtlinien in die Hand zu geben, wie sie mit unterschiedlichen Ansätzen und Auffassungen in der Gemeinde umgehen können. Und in diesem Zusammenhang teilt er seine Überzeugung mit, dass sich niemand aus eigenem Antrieb zum Glauben an Jesus Christus aufschwingen kann. Die Initiative liegt beim dreieinigen Gott. Es ist das Werk des Heiligen Geistes, wenn ein Mensch zum Glauben an Jesus Christus findet und ihn seinen Herrn nennt.

Martin Luther verdichtet diese Auffassung im Kleinen Katechismus. Im zweiten Hauptstück erklärt er das Apostolische Glaubensbekenntnis und schreibt zum dritten Artikel:

»Ich glaube, dass ich nicht aus eigener Vernunft noch Kraft an Jesus Christus, meinen Herrn, glauben oder zu ihm kommen kann; sondern der Heilige Geist hat mich durch das Evangelium berufen, mit seinen Gaben erleuchtet, im rechten Glauben geheiligt und erhalten; gleichwie er die ganze Christenheit auf Erden beruft, sammelt, erleuchtet, heiligt und bei Jesus Christus erhält im rechten, einigen Glauben; ...« (Evangelisches Gesangbuch. Ausgabe für die Evangelisch-Lutherische Landeskirche Sachsens, Nr. 806.2).

Glaube ist zuallererst Gottes Gabe und kein Werk des Menschen. Gott schenkt uns den Glauben durch den Heiligen Geist. Wir sind Empfangende. Freilich kann man ein Geschenk annehmen oder ablehnen. Insofern sind wir beteiligt, wenn es darum geht, das Geschenk des Glaubens aus Gottes Hand im Heiligen Geist zu empfangen. Und was ist, wenn Menschen das Gefühl haben, nicht glauben zu können? Manchmal äußern sie in persönlichen Gesprächen eine Sehnsucht nach Gott und finden doch (noch) nicht zum Glauben. Wenn das Zum Glauben-Kommen Werk des Heiligen Geistes ist, dann muss das Nicht-Glauben-Können auch ernst genommen und ausgehalten werden. Es kann an Blockaden liegen, die sich vielleicht in Gesprächen ausräumen lassen, wenn es an der Offenheit für das Empfangen aus Gottes Hand fehlen sollte. Aber selbst bei den großen Mystikern finden sich Beschreibungen der »dunklen Nacht des Glaubens« (z. B. Johannes vom Kreuz, 1564–1644). Insofern sind manchmal auch »ge-

»Freilich kann man ein Geschenk annehmen oder ablehnen. Insofern sind wir beteiligt, wenn es darum geht, das Geschenk des Glaubens aus Gottes Hand im Heiligen Geist zu empfangen.«

standenen Christen« Erfahrungen der Gottesferne nicht fremd.

2.1.2 Glauben im Alltag gestalten

So sehr das Glauben-Können Gott schenkt, so sehr ist das Glauben-Leben Aufgabe der Christen. Viele Schriftworte belegen genau diesen Zusammenhang. Dabei wird das Zum-Glauben-Kommen als ein Herrschaftswechsel beschrieben. Er vollzieht sich zunächst im Innern (im Herzen), wird dann aber auch nach außen deutlich. »Werdet, was ihr seid« – so lässt sich das Ineinander von Zuspruch und Anspruch ausdrücken. Der Epheserbrief beschreibt es so (Eph 5,8 f): »Denn ihr wart früher Finsternis; nun aber seid ihr Licht in dem Herrn. Lebt als Kinder des Lichts; die Frucht des Lichts ist lauter Güte und Gerechtigkeit und Wahrheit.« Beschreibend ausgedrückt: Früher wart ihr in der Finsternis, fern von Gott. Dort hat er euch herausgeholt durch Jesus Christus. Er hat euch angenommen und zu seinen Kindern gemacht. Jetzt seid ihr im Licht des Herrn. Nun lebt aber auch so und zeigt eure Berufung. Lasst an euren Früchten erkennen, dass ihr Gottes Kinder seid. Sie werden erkannt an Güte, Gerechtigkeit und Wahrheit.

»So sehr das Glauben-Können Gott schenkt, so sehr ist das Glauben-Leben Aufgabe der Christen.«

Christsein zeigt sich im Alltag, wenn ein Mensch aus dem Evangelium lebt. Und wie sieht das konkret aus? Jesus antwortet einem Pharisäer auf die Frage nach dem höchsten Gebot mit einer bemerkenswerten Zusammenfassung (Mt 22,37 ff): »Du sollst den Herrn, deinen Gott, lieben von ganzem Herzen, von ganzer Seele und von ganzem Gemüt. Dies ist das höchste und größte Gebot. Das andere aber ist dem gleich: Du sollst deinen Nächsten lieben wie dich selbst. In diesen beiden Geboten hängt das ganze Gesetz und die Propheten.«

Jesus fasst in wenigen Worten zusammen, was es heißt, den Glauben im Alltag zu gestalten. Was Gott Menschen im Glauben schenkt, vollzieht sich im Leben der Christen in einer dreifachen Antwort: 1. Gott lieben – wiederum dreifach unterstrichen: von ganzem Herzen, von ganzer Seele und von ganzem Gemüt; 2. Nächstenliebe; und 3. Selbstliebe. In diesem Koordinatensystem bewegt sich ein an Jesus Christus orientiertes geistliches Leben. Im Grunde sind zwei Richtungen maßgebend: zu Gott und zu den Menschen. Um das prägnant auszudrücken wurden verschiedene Begriffspaare gefunden: ora et labora, beten und arbeiten (dem Sinn nach in der Regel der Benediktiner), Gott lieben und den Menschen dienen (Ignatius von Loyola), Beten und Tun des Gerechten (Dietrich Bonhoeffer), Kampf und Kontemplation (Roger Schutz, Kommunität Taizé).

»Die Gestaltungsaufgabe des christlichen Glaubens konzentriert sich zwischen diesen beiden Polen: Gott und die Menschen lieben – sich selbst eingeschlossen.«

Die Gestaltungsaufgabe des christlichen Glaubens konzentriert sich zwischen diesen beiden Polen: Gott und die Menschen lieben – sich selbst eingeschlossen. Beide Pole ergänzen sich und legen sich gegenseitig aus. Wer sich Gott im Gebet öffnet, sich im Herzen von ihm anrühren lässt, ihn liebt und aus Dankbarkeit lobt und preist – der wird befreit vom Zwang zu einer sich selbst genügenden Egozentrik. In der Zuwendung zu den Menschen, zur Schöpfung, in der sie leben, zu ihren Lebensverhältnissen und Lebensräumen, vollzieht sich der von Christen täglich gelebte Glaube als der vernünftige Gottesdienst im Alltag der Welt (vgl. Röm 12, 1).

2.2 Orientierung an der Wahrheit, die frei macht

Im Grunde handelt es sich hierbei auch um eine Orientierung an der Heiligen Schrift. Denn die Wahrheit, die frei macht, beschreibt ein Jesus-Wort (Joh 8,31f): »Wenn ihr bleiben werdet an meinem Wort, so seid ihr wahrhaftig meine Jünger und werdet die Wahrheit erkennen, und die Wahrheit wird euch frei machen.«

Gleichwohl begegnet hier ein entscheidender Akzent reformatorischer Theologie – die Freiheit eines Christenmenschen. Insofern verdient diese Orientierung bei der Beschreibung geistlichen Lebens in lutherischer Perspektive eine genauere Betrachtung (vgl. zum Folgenden Eberhard Jüngel, Zur Freiheit eines Christenmenschen, siehe Lesehinweise am Ende des Kapitels).

»Ein Christenmensch ist ein freier Herr über alle Dinge und niemandem untertan. Ein Christenmensch ist ein dienstbarer Knecht aller Dinge und jedermann untertan.«

2.2.1 Keine Norm erfüllen müssen

Martin Luther verfasste 1520 seine programmatische Schrift »Von der Freiheit eines Christenmenschen«. Gleich zu Beginn findet sich darin die theologische Grundsatzerklärung:

»Ein Christenmensch ist ein freier Herr über alle Dinge und niemandem untertan. Ein Christenmensch ist ein dienstbarer Knecht aller Dinge und jedermann untertan.«

Luther unterscheidet ausgehend von 2 Kor 4,16 (»Wenn auch unser äußerer Mensch verfällt, so wird doch der innere von Tag zu Tag erneuert.«) den inneren und äußeren Menschen. Allerdings durchbricht er die gängige Zuordnung, wonach die Freiheit den inneren Menschen konstituiert und die Knechtschaft zum äußeren Menschen gehört. Beides, die Auseinandersetzung zwischen Freiheit und Knechtschaft, betrifft den inneren Menschen. Denn dieser ist im Zustand des Unglaubens nicht frei. Luther nennt den Menschen unter diesem Aspekt »in sich selbst verkrümmt« (lateinisch: homo incurvatus in se). Ein Mensch, durch und durch auf sich selbst fixiert, der nicht nur die materiellen, sondern auch die geistlichen Güter sich zurechtbiegt und sich in allem selbst sucht. Erst das Evangelium von Jesus Christus ruft den Menschen aus seiner Selbstgebundenheit heraus in die herrliche Freiheit der Kinder Gottes – wie es z. B. Paulus im Galaterbrief ausdrückt (Gal 5,1): »Zur Freiheit hat uns Christus befreit! So steht nun fest und lasst euch nicht wieder das Joch der Knechtschaft auflegen!« Das Evangelium spricht den Menschen frei. Er ist ein freier Herr über alle Dinge und niemandem untertan. Indem aber Gottes Wort den inneren Menschen freispricht, nimmt nach Luther der innere Mensch den äußeren in die Pflicht zum Dienst am Nächsten. So wie Gottes Wort den inneren Menschen aus seiner Selbstverkrümmung befreit, so verändert der innere Mensch den äußeren und öffnet ihn zur Anteilnahme und zum Einsatz für Andere. Diese allein vom Wort Gottes bewirkte Freiheit hebt den Gläubigen nun über alle religiösen Pflichten hinaus. Das am Evangelium geschärfte Gewissen wird zur Instanz und weiß sich letztlich nur Gott selbst verantwortlich. Martin Luther hat mit dieser Zuspitzung den

Typus des protestantischen Menschen begründet. Keine andere christliche Konfession hat den Freiheitsimpuls des Evangeliums so programmatisch aufgenommen. Nur muss die Doppelthese Luthers auch beieinander gehalten werden – freier Herr über alle Dinge und niemandem untertan *und* dienstbarer Knecht aller Dinge und jedermann untertan. Christlicher Glaube kennt keine Freiheit ohne Verantwortung.

»Das am Evangelium geschärfte Gewissen wird zur Instanz und weiß sich letztlich nur Gott selbst verantwortlich. Martin Luther hat mit dieser Zuspitzung den Typus des protestantischen Menschen begründet.«

2.2.2 Den eigenen Weg finden

Wenn es keine Normenzwänge gibt, dann gestaltet jeder Christ seinen geistlichen Weg selbst. Und das (wie unter 2.1.2 ausgeführt) in zwei Richtungen: zu Gott und den Menschen. Im Hinblick auf die ethische Verantwortung für Andere geht es um die praktische Umsetzung tätiger Nächstenliebe – im privaten Leben, im Beruf, in der Gesellschaft. Hinsichtlich der Liebe zu Gott kommen Gottesdienst, Andacht, Lob und Dank in den vielfältigsten Formen in den Blick.

Das geistliche Leben umfasst beide Bereiche. Wer als Christ sich engagiert, sei es im Beruf, im privaten Sektor oder im Ehrenamt, wird im Gebet Gott um Kraft und Hilfe für seine Vorhaben bitten. Und gleichzeitig ihn auch loben und ihm danken für das, was ihn in seinem Engagement freut und inspiriert. Ebenso führt das Gebet, die Andacht, das hörende Aufnehmen der biblischen Botschaft wieder zum

Tun. Beide Aspekte gehören zusammen wie die Brennpunkte einer Ellipse. Der französische Bischof Jacques Gailott prägte das viel zitierte Wort »Wer in Gott eintaucht, taucht neben den Armen wieder auf« (zitiert bei Fulbert Steffensky, Spiritualität und Politik, in: Junge Kirche, Heft 1/2006, S. 43).

Beide Aspekte – die Liebe zu Gott und den Menschen – gehören zusammen und suchen im Leben eines Christenmenschen nach einem angemessenen Ausdruck. Beides ist Gottesdienst – einmal im Gebet, im Lob, im Dank und in der Fürbitte und einmal der Gottesdienst im Alltag der Welt. Manchmal wird das so sehr zusammengedacht und ineinander gesehen, dass es sich fast nicht mehr unterscheiden lässt. So lesen wir im Kolosserbrief (Kol 3,17): »Alles, was ihr tut mit Worten oder mit Werken, das tut alles im Namen des Herrn Jesus und dankt Gott, dem Vater, durch ihn.« In dieser Tradition wird der Begriff »geistliches Leben« auf die ganze Existenz eines Christen bezogen. Das hat viel für sich, weil beide Aspekte eben eng zusammengehören. Freilich kann man dann kaum noch unterscheiden – den Gottesdienst als Gebet und den Gottesdienst als tätige Liebe im Alltag. Es ist aber sinnvoll, beide Elemente einerseits eng aufeinander zu beziehen und andererseits aber doch zu unterscheiden. Geistliches Leben als Liebe zu Gott braucht Orte und Zeiten, die auch abgegrenzt sind von der Fülle der Verpflichtungen

»Beide Aspekte – die Liebe zu Gott und den Menschen – gehören zusammen und suchen im Leben eines Christenmenschen nach einem angemessenen Ausdruck. Beides ist Gottesdienst – einmal im Gebet, im Lob, im Dank und in der Fürbitte und einmal der Gottesdienst im Alltag der Welt.«

und Verrichtungen. Orte und Zeiten des Rückzugs aus dem Arbeitsalltag. Orte und Zeiten der Einkehr bei sich selbst und der Öffnung zu Gott. Momente der Stille vor Gott, des Gebetes und der Meditation.

»Geistliches Leben als Liebe zu Gott braucht Orte und Zeiten, die auch abgegrenzt sind von der Fülle der Verpflichtungen und Verrichtungen.«

Vor allem um diesen Aspekt soll es im Folgenden gehen, wenn wir nach dem geistlichen Leben in evangelischer Perspektive fragen.

2.3 Zusammenfassung

Evangelisches Christsein ist fromm und frei, orientiert sich an der Heiligen Schrift und lebt aus der Überzeugung, den Glauben als Geschenk von Gott zu empfangen. Es gibt hier keine Beteiligung des Menschen, außer der Annahme des Evangeliums von Jesus Christus. Der als Geschenk empfangene Glauben sucht nach lebendigem Ausdruck, nach einer angemessenen Umsetzung. Und damit stellt sich als Aufgabe für jeden Gläubigen, aus der Freiheit eines Christenmenschen heraus den konkreten Lebensvollzug zu gestalten. Das Doppelgebot der Liebe in Mt 22,37 ff bietet Orientierung – Liebe zu Gott und den Menschen, auch zu sich selbst. Feststehende Normen sind in dem Zusammenhang nicht zu erfüllen. Martin Luther betonte die Freiheit eines Christenmenschen, der Gott allein verantwortlich ist in seinem Tun und dennoch gerade als freier Mensch in der Verantwortung steht für die Welt und die Mitmenschen. Geistliches Leben in evangelischer Perspektive entfaltet sich demnach als Gottes- und als Menschenliebe. Beide Aspekte sind eng aufeinander bezogen und gehören doch auch unterschieden. Geistliches Leben als Liebe zu Gott braucht Orte und Zeiten des Rückzugs, der Hinwendung zu sich selbst und zu Gott, Zeiten der Stille, des Gebetes und der Meditation.

Zum Weiterlesen:

Martin Luther, Von der Freiheit eines Christenmenschen, in: Karin Bornkamm/Gerhard Ebeling (Hg.) Martin Luther Ausgewählte Schriften Bd. 1: Aufbruch zur Reformation, 1. Aufl., Frankfurt a. M. 1982, S. 238-263

Eberhard Jüngel, Zur Freiheit eines Christenmenschen. Eine Erinnerung an Luthers Schrift, 3. Aufl., München 1991

3 Evangelische Frömmigkeit im weiten Horizont spiritueller Suchbewegungen

Der evangelische Glaube und die entsprechende Glaubenspraxis sind Ergebnis komplexer Entwicklungsprozesse. Niemand hat sie am Schreibtisch sich ausgedacht oder in einer Probierstube entwickelt. Evangelische Frömmigkeit, wie sie uns heute begegnet, entstand in Abgrenzung von und Annäherung an Traditionen und in kreativer Neugestaltung im Hören auf das Wort der Bibel und im Offensein für die Prägekraft des Heiligen Geistes. Das zeigt der Blick in den weiten Horizont spiritueller Suchbewegungen.

3.1 Zur Klärung der Begriffe

Das Wort »Frömmigkeit« lässt sich bis zu Martin Luthers Bibelübersetzung zurückverfolgen und ist im evangelischen Bereich ein Begriff mit langer Tradition. Allerdings wird er heute kaum noch gebraucht. Das Wort »Spiritualität« hat ihm den Rang abgelaufen. Dabei sind die Begriffe trotz deutlicher Parallelen keineswegs deckungsgleich (vgl. zum Folgenden Wolfgang Ratzmann, Kleiner Gottesdienst im Alltag, bes. S. 93–97).

3.1.1 Frömmigkeit

»Fromm« leitet sich vom althochdeutschen »fruma« (Nutzen) und vom mittelhochdeutschen »vrum« (nützlich) ab

und hatte zunächst keine religiöse Bedeutung. Wer fromm war, galt als ehrlich und rechtschaffen. Martin Luther nahm den Begriff in seiner Bibelübersetzung auf und stellte ihn damit in einen religiösen Kontext.
Das Wort erhielt eine neue Prägung und bezeichnete nun eine grundsätzliche Orientierung am Wort Gottes. »Fromm« wurde zu einem ganzheitlichen Begriff, der sowohl eine religiöse Haltung (gottesfürchtig) als auch ein ethisches Verhalten (rechtschaffen, ehrlich) beschrieb. Genau diese doppelte Ausrichtung (Haltung und Verhalten) lag Luther am Herzen. Für ihn stellt der Glaube nicht allein eine Sonntagsangelegenheit dar, sondern er prägt als »vernünftiger Gottesdienst« (Röm 12,2) das ganze Leben einer Person. Diese Bedeutungsbreite verlor der Begriff im Laufe der Geschichte aber wieder und verengte sich, besonders durch pietistische Einflüsse, auf das religiöse Gefühl. »Fromm« wurde durch diese Entwicklung zu einer wenig aussagekräftigen Bezeichnung und klang noch vor wenigen Jahren nach einem braven, gesetzlichen und rational wenig reflektierten Glauben. Karl Barth schimpfte zu Beginn des 20. Jahrhunderts auf die Frommen und meinte damit eine sich selbst genügende Frömmigkeit, die gerade in ihrer Selbstbezogenheit den Kern des christlichen Glaubens verfehlt.

»›Fromm‹ wurde zu einem ganzheitlichen Begriff, der sowohl eine religiöse Haltung (gottesfürchtig) als auch ein ethisches Verhalten (rechtschaffen, ehrlich) beschrieb.«

Erst in den letzten Jahren wird der Begriff wieder geschätzt, weil er im Gegenüber zum Wort »Spiritualität« wichtige Konturen zurückgewonnen hat.

3.1.2 Spiritualität

Das Wort »Spiritualität« tauchte in der deutschsprachigen theologischen Literatur erst vor etwa fünf Jahrzehnten auf und entfaltete in dieser relativ kurzen Spanne einen wahren Siegeszug. Es leitet sich ab vom lateinischen »spiritualitas«. In mittelalterlichen Texten meint der Begriff »geistliche« Personen oder auch den persönlichen Glaubensvollzug. So heißt es in einem alten Text: »Bemühe dich, dass du in der Spiritualität voranschreitest.« Das lateinische Wort gibt den neutestamentlichen, griechischen Begriff »pneumatikos« (vgl. z. B. 1 Kor 2,13 ff) wieder und ist von »pneuma« (Geist, bezogen auf Heiliger Geist) abgeleitet. Walter Bauer übersetzt »pneumatikos« in seinem »Wörterbuch zum Neuen Testament«: »auf geistliche Weise, so wie es dem Geist entspricht, auf geistgewirkte oder geisterfüllte Art«. »Spiritualität« lässt sich als Begriff nicht direkt der Heiligen Schrift entnehmen, sondern gehört eher in den Bereich der Auslegungstradition. In die deutsche Sprache wanderte das Wort vermutlich aus dem Französischen (»spiritualité«) ein. Dort ist es seit Langem in Gebrauch und bezeichnet die geistliche Haltung und christliche Glaubenspraxis. Deutlich ist die Bezogenheit auf den Geist Gottes. Insofern betont der Begriff den Geschenkcharakter des Glaubens.

»Deutlich ist die Bezogenheit auf den Geist Gottes. Insofern betont der Begriff den Geschenkcharakter des Glaubens.«

Der katholische Theologe Karl Rahner beschrieb »Spiritualität« als »Leben aus dem Geist«. Und die EKD-Studie »Evangelische Spiritualität« (1979) verstand darunter »das wahrnehmbare geistgewirkte Verhalten des Christen vor

Gott« (beide Zitate aus Hans-Martin Barth, Spiritualität, S. 12).

Allerdings beinhaltet der Begriff heute eine viel breitere Bedeutungspalette. Die Wortgruppe »Spiritualität, spirituell« begegnet längst nicht mehr nur im kirchlichen Kontext. Zunehmend werden mit seiner Hilfe auch im nichtreligiösen Bereich innere Kräfte und eigene Ressourcen beschrieben. Als Beispiel greife ich aus der Fülle der Möglichkeiten die der englischen Sprache entnommene Wortverbindung »Spiritual Care« heraus. Dabei geht es im modernen Gesundheitswesen um die Bewältigung von Krankheiten, um Verlusterfahrungen bis hin zur Begleitung von Sterbenden auf Palliativstationen. Spirituelle Begleitung, die in diesem Kontext keineswegs nur von Pfarrerinnen und Pfarrern oder überhaupt von Christen geleistet wird, zählt inzwischen als vierte Säule einer ganzheitlichen Therapie neben somatisch, psychisch und sozial ausgerichteten Bemühungen zu den Qualitätsmerkmalen einer Einrichtung des Gesundheitswesens.

»Allerdings beinhaltet der Begriff heute eine viel breitere Bedeutungspalette. Die Wortgruppe ›Spiritualität, spirituell‹ begegnet längst nicht mehr nur im kirchlichen Kontext.«

Diese Entschränkung des Begriffs beinhaltet Chancen und Risiken. Zu den Chancen gehört zweifellos die Verbreitung und Plausibilität des Wortes »Spiritualität«. Hier kann im theologischen Gespräch gut angeknüpft werden, und gleichzeitig lässt

»Das Wort ›Spiritualität‹ schillert bunt in nahezu allen Farben und wird heute gern als ›Container-Begriff‹ bezeichnet, in dem viel Platz ist für unterschiedliche Bedeutungsnuancen.«

sich dabei von der ursprünglichen Wortbedeutung her auf den Geist Gottes und auf den christlichen Glauben hinweisen. Die Risiken zeigen sich in der Vielgestaltigkeit. Das Wort »Spiritualität« schillert bunt in nahezu allen Farben und wird heute gern als »Container-Begriff« bezeichnet, in dem viel Platz ist für unterschiedliche Bedeutungsnuancen.

3.1.3 Frömmigkeit oder Spiritualität

Aus meiner Sicht ist es sinnvoll, die Begriffe Frömmigkeit und Spiritualität nicht einer Entweder-Oder-Falle auszuliefern. »Frömmigkeit« kann im Gegensatz zu »Spiritualität« die Martin Luther so wichtige Einheit von Gottesdienst als sonntägliche Feier und Gottesdienst als tätige Liebe im Alltag der Welt beschreiben. Der ganzheitliche Lebensbezug des Glaubens im Sinne von »beten und arbeiten« wird hier betont, die Treue im Glauben, der Einsatz für Andere als Ausdruck einer an Gottes Wort orientierten Lebensführung. Auch setzt die im Wort »Frömmigkeit« mitschwingende ethische Komponente kritisches Unterscheidungspotential frei. Die ganzheitliche Orientierung am Wort Gottes ermöglicht es, fragwürdige religiöse Einstellungen zu erkennen und zu benennen.

»Aus meiner Sicht ist es sinnvoll, die Begriffe Frömmigkeit und Spiritualität nicht einer Entweder-Oder-Falle auszuliefern.«

Dagegen unterstreicht »Spiritualität« stärker das Geschenk des Glaubens, seine Verbindung mit dem Atem Gottes, mit seinem Geist. Der Begriff wird in allen Konfessionen und auch von Nichtchristen in Anspruch genommen. Er bietet vielfältige Anknüpfungspunkte zu wichtigen Fragen des

Glaubens in unsere gegenwärtige Lebenswelt hinein – beispielsweise bis hin zu den Qualitätsmerkmalen im Gesundheitswesen. Insofern kann es sinnvoll sein, die Begriffe eng aufeinander zu beziehen und die jeweiligen Chancen in den jeweiligen Gesprächssituationen zu nutzen.

3.2 Christliche Spiritualität im Kontext der Konfessionen

Die drei großen christlichen Konfessionen haben in ihrer Geschichte aus der einen Wurzel jeweils verschiedene und spezifische Verhaltensweisen im Glauben entwickelt. Der Begriff »Spiritualität« findet sich aber keineswegs nur im christlichen Kontext. Unter 3.1.2 kam dies bereits zum Ausdruck auf dem Hintergrund ganzheitlicher Konzepte im Gesundheitswesen. Spiritualität außerhalb des Christentums begegnet aber in den großen Städten hierzulande vor allem auch im Angebot fernöstlicher Religionen (vgl. zu 3.2.1 und 3.2.2 Hans-Martin Barth, Spiritualität, S. 21–44).

3.2.1 Orthodoxe Spiritualität

Orthodoxe Spiritualität orientiert sich an der Liturgie und den Sakramenten. Sie vermitteln in besonderer Weise die Beziehung zu Gott. Zwar steht der Dreieinige in großem Abstand zu allem Geschaffenen. Aber in seiner Liebe zur Schöpfung und speziell zu den Menschen sucht er immerwährend die Beziehung zu ihnen – vermittelt durch seine »Energien« (Wirkungsweisen). Am deutlichsten kommt diese Beziehungssuche im Gottmenschen Jesus Christus zum Ausdruck. Hier zeigt sich besonders seine hingebende Liebe. Christus verkörpert das Urbild des Menschen. An ihm können wir ablesen, wozu wir geschaffen sind und welche Bestimmung uns gegeben ist: die Vergöttlichung. Gott wird Mensch, damit wir der Gottheit teilhaftig werden können. Überhaupt ist das Ziel orthodoxer Spiritualität die Vergöttlichung des Menschen. Dieses Ziel kann der Mensch nicht von sich aus erreichen. Die Gabe des Heiligen Geistes befähigt ihn zu einem gottmenschlichen Leben.

»Überhaupt ist das Ziel orthodoxer Spiritualität die Vergöttlichung des Menschen.«

Auf diesem Weg prägen vor allem Gebet und Askese die Spiritualität im orthodoxen Christentum. Es gibt eine Vielzahl von Fastenzeiten verteilt über das Kirchenjahr. Dahinter steht die Auffassung, dass der Verzicht die Seele stärkt und sie zu Gott emporhebt. Überhaupt dient jede Form der Enthaltsamkeit dem Ziel der Vergöttlichung. Askese wird in den Ostkirchen als eine wesentliche Form des geistlichen Lebens verstanden, die Gläubige für den Heiligen Geist öffnet. Neben der Askese prägt das Gebet den orthodoxen Christusglauben. Dabei stehen nicht konkrete Dank- und Bittanliegen im Vordergrund. Vielmehr realisiert sich im Gebet die innige Verbindung zwischen Mensch und Gott. Deshalb wird es auch in großer Ehrfurcht vorbereitet und wahrgenommen.

Unter den verschiedenen Möglichkeiten orthodoxer Gebetspraxis hat vor allem eine Form auch in den westlichen Konfessionen Bedeutung erlangt: das Herzensgebet, oft auch Jesusgebet genannt. Die Ostkirchen haben diese Gebetsform vermutlich aus einer frühen Zeit der Kirche bis in unsere Gegenwart überliefert. Charakteristisch für das Jesusgebet ist die Verbindung mit dem Atem. Dieser Ur-Rhythmus des Lebens, dieses unaufhörliche Fließen in uns und durch uns vom ersten bis letzten Atemzug wird hier zum Gebet. Der Beter kehrt mit seiner Aufmerksamkeit beim Atem ein, nimmt wahr, wie die Atemluft ein- und ausströmt und gelangt so in das Gegenwärtigsein im Hier und Jetzt. Die Gedankenläufe kommen zur Ruhe und der Beter verbindet mit dem Atemrhythmus die Worte: »Herr Jesus Christus, du Sohn Gottes, erbarme dich über mich Sünder.« So steht in »Aufrichtige Erzählungen eines russischen Pilgers« (1. vollständige deutsche Ausgabe, herausgegeben und eingeleitet von Emmanuel Jungclaussen, Freiburg 1983, S. 30f): »Das unablässige innerliche Jesusgebet ist das ununterbrochene, unaufhörliche Anrufen des göttlichen Namens Jesu Christi mit den Lippen, mit dem Geist und mit dem Herzen, wobei man sich seine ständige Anwesenheit vorstellt und ihn um sein Erbarmen bittet bei jeglichem Tun, allerorts, zu jeder Zeit, sogar im Schlaf.« Das Jesusgebet kann auf diese Weise zum immerwährenden Gebet werden – getreu der Anweisung des Apostels Paulus im 1. Brief an die Thessalonicher 5, 17: »betet ohne Unterlass«.

»Das Jesusgebet kann auf diese Weise zum immerwährenden Gebet werden – getreu der Anweisung des Apostels Paulus im 1. Brief an die Thessalonicher 5, 17: ›betet ohne Unterlass‹.«

Schließlich aber gipfelt orthodoxe Spiritualität in der Feier der »Göttlichen Liturgie« im Gottesdienst und dabei speziell in der Eucharistie (Abendmahl). Die Gläubigen fühlen sich einbezogen in ein überirdisches Heilsgeschehen. Sie gewinnen Anteil an der Gegenwart der göttlichen Geheimnisse, die aus der Ewigkeit kommend ins Irdische der Versammlung eingehen und die Gläubigen mit zu Gott erheben. Im Hymnus werden die Gläubigen unmittelbar einbezogen. Sie stimmen ein in die »Göttliche Liturgie«. Gott und Mensch treffen aufeinander und vereinen sich, wie Gottheit und Menschheit in Christus vereint sind. Dabei sind Ikonen wichtig. Sie stellen nicht einfach Andachtsbilder dar. Ikonen vergegenwärtigen, was sie abbilden. Sie lassen das Urbild gegenwärtig werden, dessen Abbild sie sind. In der Ikone kommt das Ewige ins Irdische und der Betrachter vereinigt sich in seiner innigen Betrachtung mit dem ewigen Urbild. Deshalb stellt schon das Malen einer Ikone einen durch und durch geistlichen Prozess dar mit Fasten, Gebet und Meditation als Vorbereitung auf den Akt des Schreibens. Die Ikonen-Maler sprechen eher vom »Schreiben« einer Ikone.

»Ikonen vergegenwärtigen, was sie abbilden. Sie lassen das Urbild gegenwärtig werden, dessen Abbild sie sind.«

Orthodoxe Spiritualität übt auf westliche Menschen, die auch im Glauben und der Spiritualität eher rational geprägt sind, durchaus einen Reiz aus. Sie kann anziehend wirken in ihrer Integration von Gott und Mensch. Auch haben gerade evangelische Christen oft Sehnsucht nach Feier und Ritual, nach Betrachtung statt Erörterung. Insofern ist es begrüßenswert, wenn in den letzten Jahren, beispielsweise durch Ikonen oder durch die Praxis des Jesusgebetes, Elemente orthodoxer Spiritualität in evangelische Glaubenspraxis Eingang gefunden haben. Andererseits zeigt die Beschäftigung mit orthodoxer Glaubenspraxis auch eine deutliche Unschärfe in den Unterscheidungen z. B. von Gott und Welt. Daraus leiten sich eine ganze Reihe von theologischen Fragen ab, die hier nicht weiter verfolgt werden können (z. B. nach dem Verhältnis von Sünde und Gnade).

3.2.2 Römisch-katholische Spiritualität

Ähnlich der orthodoxen Praxis ist auch die Spiritualität der römisch-katholischen Kirche deutlich auf die Messe (Gottesdienst) und darin auf die Eucharistie (Abendmahl) bezogen. Anschaulich wird dies etwa auch in der Verehrung der Gegenwart Christi im Tabernakel (Aufbewahrungsort der geweihten Hostie, meist im Altarraum der Kirche) oder in Fronleichnamsprozessionen, durch die Christi Gegenwart aller Welt vor Augen geführt werden soll. Die Sakramente stehen im Vordergrund und schließen das »Wort« ein. Die Wortverkündigung im Gottesdienst oder in der Katechese ergänzt das sakramentale Geschehen und erschließt so für den Gläubigen die Fülle des Heils. Innerhalb der Siebenzahl der Sakramente (Taufe, Firmung, Eucharistie, Beichte, Krankensalbung, Priesterweihe, Ehe) bildet die Eucharistie die Mitte, zu der alle anderen Zeichen hin geordnet sind. Trotz dieser klaren Orientierung auf die Messe und damit auf die Eucharistie entfaltet die römisch-katholische Spiritualität eine Vielzahl unterschiedlicher Formen. Sie alle sollen helfen, sich der Gnadenfülle Gottes zu öffnen und im eigenen Leben Veränderungen zu bewirken. Dabei zielt alles Bemühen darauf, den Menschen zu dienen und Gott zu loben.

»Ähnlich der orthodoxen Praxis ist auch die Spiritualität der römisch-katholischen Kirche deutlich auf die Messe (Gottesdienst) und darin auf die Eucharistie (Abendmahl) bezogen.«

Das Gebet nimmt innerhalb der spirituellen Praxis einen hervorragenden Platz ein. Sei es als Chorgebet in den Klöstern, als Psalm in der Messe oder als Rosenkranzgebet (Abfolge verschiedener Gebete) in der häuslichen Andacht.

»Das Gebet nimmt innerhalb der spirituellen Praxis einen hervorragenden Platz ein. Sei es als Chorgebet in den Klöstern, als Psalm in der Messe oder als Rosenkranzgebet (Abfolge verschiedener Gebete) in der häuslichen Andacht.«

Zur Vielgestalt katholischer Spiritualität zählen auch Wallfahrten zu Orten und Stätten, mit denen göttliche Gnadenerweise bzw. wunderhafte Erscheinungen verbunden werden. Die Heiligenverehrung ist zu nennen, allen voran Mariengebete vor entsprechenden Madonnenbildern oder Skulpturen. Dabei werden Heilige angerufen zur Fürsprache bei Christus. Auch Fastentage und Fastenzeiten (etwa in der Passionszeit) prägen das spirituelle Leben katholischer Christen. Mindestens einmal im Jahr soll die Beichte vollzogen werden, die sowohl Sündenvergebung bewirkt als auch die Kraft zur nachhaltigen Besserung für den Gläubigen erbittet.

In unserem Zusammenhang verdient die lange Tradition der so genannten Geistlichen Übungen (Exerzitien) besondere Erwähnung. Sie geht zurück auf Ignatius von Loyola – ein in Spanien lebender Zeitgenosse Luthers. Als Gründer des Jesuitenordens und dessen Aktivitäten zur Zeit der Gegenreformation standen Ignatius und der Jesuitenorden lange Zeit bei evangelischen Christen in keinem guten Licht. Dabei zeigen bei unvoreingenommener Betrachtung die geistlichen Anweisungen von Ignatius und Luther erstaunliche Parallelen auf. Seit den sechziger Jahren des vergangenen Jahrhunderts suchten und suchen evangelische Christen

Ignatianische Exerzitien auf. Sie sind dabei inspiriert von der Suche nach geistlicher Tiefe im Schweigen durch biblische Betrachtungen, Gebet und Meditation. Heute bieten viele evangelische Einkehrhäuser Exerzitien nach dem Grundkonzept des Ignatius von Loyola an (vgl. dazu auch 5.5.2). Dabei kommt der eigene Lebensweg auf dem Hintergrund des Weges Jesu durch Tod und Auferstehung in den Blick.

Auffällig und bewundernswert ist – vor allem in einigen katholischen Orden – die Hinwendung zu den Armen und Leidenden. In der Nachfolge Jesu Christi zeigt sich hier katholische Spiritualität als Hinwendung zur Welt. Überhaupt trat mit dem II. Vatikanischen Konzil das Engagement der Gläubigen in der Öffentlichkeit auch in den Verlautbarungen der Kirche stärker hervor. Es geht darum, nach dem Vorbild Christi den Nächsten zu dienen und so Gottes Willen Schritt für Schritt zu entsprechen. Katholische Spiritualität strebt nach Vollkommenheit, auch dann, wenn sie nur annähernd erreicht werden kann. Alles spirituelle Bemühen im Beten wie im Tun zielt auf Wachstum. Die Heiligen der Kirche zeigen den Weg und dienen als Vorbild. Gleichzeitig ist aber alle individuelle Heiligkeit Ausdruck der Heiligkeit der Kirche. Alles spirituelle Leben ordnet sich von der Kirche her und auf die Kirche hin.

»Katholische Spiritualität strebt nach Vollkommenheit, auch dann, wenn sie nur annähernd erreicht werden kann. Alles spirituelle Bemühen im Beten wie im Tun zielt auf Wachstum.«

Die römisch-katholische Spiritualität birgt in ihrer großen Bandbreite wahre Schätze. Etwa in den vielfältigen Gebetsformen vom Rosenkranz bis zur Kontemplation (Betrachtung, Versenkung in Gott). Von daher ist es gut, dass evangelische Christen zunehmend die Scheu ablegen und nach dem Motto »Prüft aber alles und das Gute behaltet« (1 Thess 5,21) katholische Formen der Spiritualität für sich entdecken. Das breite Spektrum spirituellen Lebens kann aber auch zu Verwirrung führen. Schon die unterschiedlichen Ausrichtungen der Orden lassen staunen, erst recht die weltweit stark divergierenden Frömmigkeitsprägungen der Gläubigen. Von daher stellt sich bisweilen die Frage, was innerhalb der Kirche eigentlich gilt. Schon zwischen den in der ostdeutschen Diaspora lebenden Bistümern und solchen im benachbarten Polen tun sich gewaltige Unterschiede auf. Sie lassen gelegentlich die Frage aufkommen, ob es sich um dieselbe Kirche handelt. Eine Spannung zeigt sich auch zwischen den engen Grenzen in der Lehre und dem, was viele Gläubige leben – etwa in Fragen der Sexualmoral. Die katholische Kirche orientiert sich stärker als andere Kirchen an hohen Idealen und wird in der Öffentlichkeit daran gemessen, was auch in den jüngsten Skandalberichten (z. B. sexueller Missbrauch, bischöflicher Prunk) zum Ausdruck kommt.

3.2.3 Evangelische Spiritualität

Dieser Band innerhalb der Reihe »Theologie für die Gemeinde« widmet sich insgesamt dem evangelisch geprägten geistlichen Leben. Konkrete Beispiele folgen im 5. Kapitel »Elemente gegenwärtiger evangelischer Spiritualität«. Dennoch ist es zweckmäßig an dieser Stelle, gerade im Gegenüber zu anderen konfessionellen Ausprägungen, überblickartig auf einige theologische Grundentscheidungen evangelischer Glaubenspraxis hinzuweisen.

Wolfgang Ratzmann nennt fünf Merkmale, die evangelische Spiritualität besonders prägen (vgl. zum Folgenden Wolfgang Ratzmann, Kleiner Gottesdienst im Alltag, S. 97–109):

- die Konzentration auf das Wort,
- die Rechtfertigung des Sünders,
- das Verhältnis von Amtsträgern und Laien (alle Getauften sind »Priester«),
- die Vielfalt der Formen,
- die christliche Lebensgestaltung (Verbindung von Gottesdienst am Sonntag und Gottesdienst im Alltag).

Drei der genannten Merkmale möchte ich an dieser Stelle zur Charakterisierung evangelischer Spiritualität aufgreifen.

- Die Konzentration auf das Wort unterscheidet evangelische Spiritualität erkennbar von den vorher genannten. Das Wort prägt den Gottesdienst mit der zentralen Stellung der Predigt und es prägt die Andachten, sei es die individuelle in den eigenen vier Wänden oder seien es Andachten im öffentlichen Raum, in Gemeindegruppen oder bei ähnlichen Anlässen. Das mit Abstand meist gelesene Andachtsbuch ist im evangelischen Bereich die Herrnhuter Losung. Darin enthalten sind zwei Bibelworte für jeden Tag, eines aus dem Alten und eines aus dem Neuen Testament.
- Die prinzipielle Gleichstellung von Amtsträgern und Laien zeigt sich auch in den liturgischen Vollzügen. So wird die Feier des Heiligen Abendmahls von Ordinierten

liturgisch geleitet, aber Gemeindeglieder teilen Brot und Wein mit aus. Auch empfangen Geistliche in der Regel die Elemente aus der Hand von Gemeindegliedern. Außerdem leiten ehrenamtliche Prädikanten und Prädikantinnen Gottesdienste und engagieren sich gut ausgebildete Frauen und Männer in der Seelsorge bei Kranken und Inhaftierten.

– Evangelische Spiritualität kennt eine breite Vielgestaltigkeit in der individuellen Ausprägung geistlichen Lebens. Konkrete Beispiele finden sich dazu im 5. Kapitel. Die Vielfalt ist auch ein Ausdruck der Titel-Begriffe »fromm und frei«. Sie stellt einerseits einen Reichtum dar und andererseits auch eine Gefahr. Individueller Spielraum öffnet Räume für verschiedene Aktivitäten und Initiativen und lässt geistliches Leben erblühen. Gefahren zeigen sich eher dort, wo die Anbindung an die Gemeinde vernachlässigt oder gar aufgekündigt wird und die »Gemeinschaft der Heiligen« nicht mehr gesucht wird.

3.2.4 Spiritualität außerhalb des Christentums

Der Begriff »Spiritualität« begegnet in allen Konfessionen und Religionen. Sogar auch im atheistischen Bereich der ehemaligen DDR. Der SED-Dissident Rudolf Bahro schrieb 1987 im Hinblick auf eine neu zu gewinnende Ordnung, die den begrenzten Ressourcen Rechnung trägt:

> »So ist es eigentlich eine weitgehende Umwidmung des menschlichen Energieeinsatzes von den Tiefen der Person her, worauf wir noch Hoffnung setzen können. … Bei genauerem Hinsehen bedeutet Spiritualität (versus Materialismus) vor al-

> lem diese Umorientierung unserer Energien von einer Praxis vornehmlich äußeren zu einer Praxis vornehmlich inneren Handelns, vom Sachobjekt zum Subjekt, von der Konstruktion zur Kommunion.« (zitiert bei Wolfgang Ratzmann, Kleiner Gottesdienst im Alltag, S. 85).

Spiritualität ist hier nicht ausdrücklich eine religiöse Haltung – trotz eindeutig religiöser Begriffe –, sondern eine »anthropologische Zentrierung auf die Kräfte im Inneren des Menschen« (Wolfgang Ratzmann, Kleiner Gottesdienst, S. 85).

Weit bedeutender scheinen aber die Einflüsse fernöstlicher Spiritualität auf unsere heutige kirchliche Praxis. Manchmal werden in Tageszeitungen Hinweise auf Meditationskreise abgedruckt. Nicht selten stehen kirchliche Angebote in einer Zeile mit Einladungen zu buddhistischen Zirkeln. Es kommen Menschen in christliche Gruppen, die fernöstlich inspirierte Meditationserfahrungen mitbringen und umgekehrt. Auch lässt sich nicht leugnen, dass gerade das Interesse an fernöstlicher Spiritualität das Thema innerhalb der Kirchen befördert. Überhaupt scheint Meditation im Trend zu liegen. Kein Burnout-Ratgeber, der nicht entsprechende Praktiken zur Entspannung bzw. zum »Leben im Gleichgewicht« empfiehlt.

»Aus der Fülle der Angebote empfiehlt sich ein Blick auf die Zen-Meditation, freilich an dieser Stelle in wenig differenzierter Weise.«

Aus der Fülle der Angebote empfiehlt sich ein Blick auf die Zen-Meditation, freilich an dieser Stelle in wenig differenzierter Weise. Sie ist inzwischen in unseren Breiten dem Namen nach gut bekannt und mindestens in größeren Städten auch als Angebot vertreten. Außerdem gibt es innerhalb der katholischen Kirche, besonders im Jesuiten-Orden, langjährige Erfahrungen in der Begegnung. Zen-Meditation hat ihre Wurzeln im Buddhismus, aber auch im indischen Yoga – bei uns vor allem bekannt als Form der Körperübung und als solche auch in kirchlichen Kreisen verbreitet. In der Meditationspraxis zeigen sich viele Parallelen: beispielsweise das Sitzen etwa auf dem Kissen oder der Kniebank, die aufrechte Haltung mit geradem Rücken, die Körperwahrnehmung zur Hinführung in das einfache Gegenwärtigsein im Hier und Jetzt, die innere Hinwendung zum Atem. Aber trotz auffälliger Ähnlichkeiten in der Praxis bleiben erhebliche Unterschiede in den Grundüberzeugungen. Sie führen auch unter Fachleuten teilweise zu völlig gegensätzlichen Beurteilungen. Der Buddhismus kennt keinen persönlichen Gott. Vergleichbare Begriffe zu zentralen theologischen Inhalten wie »Sünde« und »Gnade« fehlen. Auch steht am Ende nicht die Fülle (vgl. etwa »die Fülle der Gottheit« in Kol 2,9), sondern die Leere, das völlige Leerwerden als Freiwerden vom Weg der Leiden. Die »Leere« ist überhaupt die Grundidee buddhistischer Philosophie. Dennoch zeigen sich gerade auch in den Unterschieden wiederum Parallelen etwa zum breiten Strom der Mystik in den christlichen Kirchen. Auch da spielt das Leerwerden zumindest als Durchgangsstufe zur Gottesschau eine erhebliche Rolle. Zen-Meditation versteht sich als Reinigungsweg, als Reinigung des Geistes. Auch in der christlichen Tradition ist von Reinigung die Rede als unabdingbare Voraussetzung der Gottesschau.

»Der Buddhismus kennt keinen persönlichen Gott.«

»Dennoch zeigen sich gerade auch in den Unterschieden wiederum Parallelen etwa zum breiten Strom der Mystik in den christlichen Kirchen.«

Zweifellos lassen sich unübersehbare Parallelen zwischen christlicher Meditation und Zen entdecken. Von daher ist die Begeisterung verständlich, die etwa in den Schriften von Hugo M. Enomiya-Lassalle zu finden ist (vgl. die Literaturhinweise am Ende des Kapitels), der als Jesuit in Japan Zen-Meditation kennenlernte, alle Überheblichkeit ablegte und mehr und mehr Zen-Spiritualität mit seiner christlichen Glaubenspraxis verband. Allerdings bleiben große Unterschiede bestehen und vor einer ungeprüften Vermischung beider Traditionen ist zu warnen. Auf dem Weg christlicher Spiritualität kommen alle Fäden von Christus her und laufen auf Christus zu. Er ist Ursprung und Ziel aller Wege. Diese Christozentrik unterscheidet sich fundamental von spirituellen Wegen außerhalb des Christentums.

»Auf dem Weg christlicher Spiritualität kommen alle Fäden von Christus her und laufen auf Christus zu. Er ist Ursprung und Ziel aller Wege. Diese Christozentrik unterscheidet sich fundamental von spirituellen Wegen außerhalb des Christentums.«

3.3 Zusammenfassung

Die häufig synonym gebrauchten Begriffe »Frömmigkeit« und »Spiritualität« haben eine gemeinsame Schnittmenge, unterscheiden sich aber deutlich in den Nuancen. Während »Spiritualität« eher den Geschenkcharakter des Glaubens betont (vom Geist Gottes her), schließt das Wort »Frömmigkeit« stärker die ethische Komponente christlicher Glaubenspraxis ein, die am Wort Gottes orientierte Lebensgestaltung. Dem Begriff »Spiritualität« eignet eine größere Anschlussfähigkeit in der öffentlichen Wahrnehmung, weil er auch außerhalb religiöser Zusammenhänge gebraucht wird.

Viele Elemente verbinden die verschiedenen Konfessionen, wie beispielsweise das Gebet. Dennoch lassen sich deutliche Unterschiede in der Akzentuierung erkennen. Orthodoxe und Römisch-katholische Glaubensvollzüge zeigen eine Konzentration auf den Gottesdienst und darin auf die Eucharistie (Abendmahl). Daneben steht im evangelischen Bereich das Wort an erster Stelle und schließt das Sakrament mit ein. Für den evangelischen Glauben zunehmend bedeutsam lassen sich unter anderem in orthodoxer Tradition das Jesusgebet und in katholischer Praxis die Exerzitien (Geistliche Übungen) benennen.

Der Begriff »Spiritualität« begegnet auch außerhalb des Christentums, heute in unserer mitteleuropäischen Welt vor allem durch fernöstliche Praktiken. Der Vergleich von christlicher Spiritualität mit Zen-Meditation zeigt deutliche Parallelen und einen Hauptunterschied: Im Christentum kommen alle Wege von Jesus Christus her und laufen auf ihn wieder zu.

Zum Weiterlesen:

Hans-Martin Barth, Spiritualität, Bensheimer Hefte 74, Ökumenische Studienhefte 2, Göttingen 1993

Hugo M. Enomiya-Lassalle, Der Versenkungsweg. ZEN-Meditation und christliche Mystik, Freiburg im Breisgau 1992

Evangelische Spiritualität. Überlegungen und Anstöße zur Neuorientierung, hg. vom Kirchenamt der Evangelischen Kirche in Deutschland (EKD), Gütersloh 1979

Wolfgang Ratzmann, Kleiner Gottesdienst im Alltag. Theorie und Praxis evangelischer Andacht. Beiträge zur Liturgie und Spiritualität Band 3, Leipzig 1999

4 Christliche Spiritualität in der Geschichte

Eingangs (Kapitel 1) war die Rede davon, dass erstaunlicherweise auch nach 2000 Jahren wechselvoller Geschichte des Christentums noch immer Menschen auf der Suche nach Gott sind. Anhand der Titel-Begriffe dieses Buches »fromm und frei« wurden dann (Kapitel 2) aus der Bibel abgeleitete Grund-Orientierungen im evangelischen Glauben und schließlich (Kapitel 3) die Verortung evangelischer Frömmigkeit im weiteren Horizont spiritueller Suche vorgestellt. Bevor Elemente gegenwärtiger evangelischer Spiritualität (Kapitel 5) zu entfalten sind, zeichnet ein Blick in die Geschichte (Kapitel 4) die Entwicklung der christlichen Glaubenspraxis an drei elementaren Beispielen nach: Spiritualität in der Bibel, in der monastischen Tradition und in der Neuausrichtung durch Martin Luther.

4.1 Spiritualität in der Bibel: Ihr sollt heilig sein, denn ich bin heilig

An früherer Stelle (unter 3.1.2) wurde schon darauf hingewiesen, dass der Begriff »Spiritualität« nicht in direkter Weise in der Bibel zu finden ist. Vielmehr begegnen uns in der Heiligen Schrift Wörter wie »Gottesfurcht«, »Heiligkeit«, »Gnade«, »Erbarmen« und »Vollkommenheit« (so die bei Kees Waaijman

»Vielmehr begegnen uns in der Heiligen Schrift Wörter wie ›Gottesfurcht‹, ›Heiligkeit‹, ›Gnade‹, ›Erbarmen‹ und ›Vollkommenheit‹.«

übernommene Aufzählung von Corinna Dahlgrün, Spiritualität, S. 101). Die genannten Substantive zeigen in etwa die biblische Bedeutungsbreite des Wortes »Spiritualität«. Corinna Dahlgrün erkennt darin durchweg die Beschreibung von Beziehungsprozessen zwischen Gott und Mensch. Dabei kommen dem Menschen wechselweise einmal aktive und einmal passive Rollen zu. Der Heiligkeit Gottes entspricht auf menschlicher Seite die Gottesfurcht, der Gnade und Barmherzigkeit Gottes auf menschlicher Seite das Streben nach einem heiligen Leben bzw. nach Vollkommenheit. Spiritualität wird so als eine Beziehung beschrieben, an der Gott und Mensch beteiligt sind. Der Heiligkeit Gottes entspricht auf menschlicher Seite die Heiligung. »Ihr sollt heilig sein, denn ich bin heilig, der Herr, euer Gott (Lev, 4 Mose 19,2).

Während allein Gottes Handeln die Rechtfertigung des Sünders herbeiführt (»ohne des Gesetzes Werke, allein durch den Glauben« Röm 3,28), beinhaltet der Begriff der Heiligung auch die aktive Beteiligung des Menschen. Die Bibel verwendet dabei beispielsweise die Wörter »reinigen«, »sich rüsten« oder »kämpfen«. Im Epheserbrief Kapitel 6 ist ein Abschnitt als »geistliche Waffenrüstung« charakterisiert. Der christliche Glaube führt in die Auseinandersetzung mit widergöttlichen Mächten und kann in dieser Hinsicht als Kampf beschrieben werden. Oder im 1. Johannesbrief (3,3) heißt es: »jeder, der solche Hoffnung auf ihn hat, der reinigt sich«. Im Prozess der Heiligung, der Einübung in eine christusgemäße Lebenspraxis, geht es darum, sich der Kraft des Heiligen Geistes zu öffnen, sich von der Macht Gottes erfüllen zu lassen und sich dafür bereitzuhalten, dass Gott in mir und an mir wirken kann. Eben auch um sich nicht abbringen zu lassen vom Weg des Glaubens. Als Ziel eines spirituellen Weges nennt die Bibel den Begriff der Vollkommenheit. Paulus formuliert im Philipperbrief so etwas wie eine Zwischenbilanz auf diesem Weg: »Nicht, dass ich's schon ergriffen habe oder schon vollkommen sei; ich jage ihm aber nach, ob ich's wohl ergreifen könnte, weil ich von Christus Jesus ergriffen bin.« (Phil 3,12)

»Im Prozess der Heiligung, der Einübung in eine christusgemäße Lebenspraxis, geht es darum, sich der Kraft des Heiligen Geistes zu öffnen, sich von der Macht Gottes erfüllen zu lassen und sich dafür bereitzuhalten, dass Gott in mir und an mir wirken kann.«

4.2 Spiritualität in den Klöstern: Ora et labora

Antonios der Große lebte im 3. Jahrhundert und gilt als »Vater der Mönche«. Er prägte wie kein anderer den Aufbruch der so genannten Wüstenväter. Von ihm wird erzählt, dass er einst in der Wüste in Verzagtheit geriet und Gott um Rettung aus der Bedrängnis bat. Und als er aufstand und vor seine Höhle trat, sah er

> »jemanden gleichsam wie sich selbst: Er sitzt und arbeitet, dann steht er von seiner Arbeit auf und betet; dann wieder setzt er sich und wirkt das Seil, dann wieder steht er auf zum Gebet. Es war aber ein Engel des Herrn, dazu gesandt, Antonios auf den rechten Weg zu bringen und Sicherheit zu geben. Und er hörte den Engel sagen: Tue so, so wirst du gerettet! Da er dies hörte, gewann er große Freude und Zuversicht. Und da er danach tat, wurde er gerettet« (zitiert bei Günther Schulz / Jür-

gen Ziemer, Mit Wüstenvätern und Wüstenmüttern im Gespräch, S.46).

Bereits in dieser frühen Phase des Christentums zeichnet sich der klösterliche Zweiklang von »Beten und Arbeiten« ab. Menschen zogen sich aus dem familiären und gesellschaftlichen Leben zurück, um besser und mit ganzer Hingabe Jesus Christus nachfolgen zu können. Ludwig Mödl nennt fünf Gründe, die wesentlich zur Entwicklung monastischer Spiritualität beitrugen (vgl. zum Folgenden: Nachwort von Ludwig Mödl in: Corinna Dahlgrün, Spiritualität, S. 612 ff):

»Bereits in dieser frühen Phase des Christentums zeichnet sich der klösterliche Zweiklang von ›Beten und Arbeiten‹ ab.«

Fünf Gründe zur Entwicklung monastischer Spiritualität

- Im klösterlichen Leben wollen Menschen erstens *das Evangelium wörtlich nehmen* und mit ganzer Hingabe daraus leben. Ziel ist die im Evangelium geforderte Vollkommenheit.
- Zweitens prägt *das Gebet* in entscheidender Weise den Tagesablauf. Dabei werden biblische Worte gelesen und rezitiert.
- An dritter Stelle steht die *Auseinandersetzung mit den Dämonen*. Der Mönch muss die Geister unterscheiden können, um ihnen im Kampf nicht zu unterliegen. »Waffen sind ihm das Gebet, Worte der Bibel und das Kreuzeszeichen.« (Corinna Dahlgrün, Spiritualität, S. 613)
- Als Hilfen in den Auseinandersetzungen dienen dabei viertens die *Gemeinschaft der Schwestern und Brüder und die Gespräche mit einem geistlichen Vater.*

– Schließlich beschreibt Mödl an fünfter Stelle eine *gesellschaftsdiakonische Dimension* des entstehenden Mönchtums. Der Kampf gegen die Dämonen sollte die Kirche als Ganzes in ihren Versuchungen stärken, dem Evangelium treu zu folgen und unbestechlich zu bleiben gegenüber machtpolitischen Verlockungen.

Benedikt von Nursia (geboren um 480) gilt als die prägende Gestalt für die Herausbildung des westlichen Mönchtums. Dabei nahm er die östliche Tradition der Wüstenväter und Wüstenmütter auf und stärkte deutlich den Gemeinschaftsaspekt. Lebten die Wüstenväter im Prinzip allein und besuchten sich lediglich zum geistlichen Austausch, so entstanden im Westen im Laufe der Zeit immer größere Abteien, in denen viele Mönche oder Nonnen in Gemeinschaft lebten. Außerdem wurde die Arbeit fest in den spirituellen Kontext des klösterlichen Alltags integriert. Benedikt entwarf (aus verschiedenen Vorlagen) für den Orden der Benediktiner die »Regula Benedicti«. Sie wurde zur Grundregel des westlichen Mönchtums. Darin heißt es nach vielen Anweisungen zu den Chorgebeten im 48. Kapitel (Von der täglichen Handarbeit): »Müßiggang ist der Seele Feind. Deshalb sollen sich die Brüder zu bestimmten Zeiten mit Handarbeit und wieder zu bestimmten Stunden mit heiliger Lesung beschäftigen« (Die Benediktsregel. Leitfaden fürs Leben, Aus dem Lateinischen von Pius Bihlmeyer, S. 78).

Diese wenigen Anmerkungen zur benediktinischen Spiritualität sollen stellvertretend für einen Großteil der verschiedenen Orden stehen. Das Ineinandergreifen von fest im Klosterleben verankerten Gebetszeiten und Gottesdiensten neben der täglichen Arbeit – die sich schon bald in den kulturellen Bereich ausweitete (Schulen, Bibliotheken, soziale Aktivitäten usw.) – prägen die meisten der klösterlich strukturierten Orden bis heute.

»Das Ineinandergreifen von fest im Klosterleben verankerten Gebetszeiten und Gottesdiensten neben der täglichen Arbeit – die sich schon bald in den kulturellen Bereich ausweitete (Schulen, Bibliotheken, soziale Aktivitäten usw.) – prägen die meisten der klösterlich strukturierten Orden bis heute.«

4.3 Spiritualität bei Martin Luther: Begeisterung für das Alltägliche

Martin Luther wächst in einem Denken auf, das die Welt und das Heilige strikt trennt. Die verschiedenen Stände waren dem ewigen Heil entweder näher oder ferner. Diese Grenze zwischen weltlichen und heiligen Lebensformen hebt Luther faktisch auf. Keine Lebensform an sich kann gegenüber anderen eine größere Gottesnähe für sich beanspruchen. Und überhaupt sind alle Menschen Sünder und haben keine prinzipiellen Vorzüge vor anderen. Gottes freie Gnade gilt allen Menschen und jeder ist darauf angewiesen. Niemand kann, wodurch auch immer, dazu beitragen, dass Gott ihm gnädig ist. Gott spricht den Sünder gerecht ohne Werke. Diese existentielle Grunderkenntnis Luthers, sein »Turmerlebnis«, bejaht einerseits das generelle und ausweglose Sündersein des Menschen und andererseits Gottes grenzenlosen Gnadenwillen. Im kleinen Katechismus, viertes Hauptstück, lesen wir über die Taufe: »Es bedeutet, dass der alte Adam in uns durch tägliche Reue und Buße soll ersäufet werden und sterben mit allen Sünden und bösen Lüsten; und wiederum täglich herauskommen und auferstehen ein neuer Mensch, der in Gerechtigkeit und Reinheit vor Gott ewiglich lebe« (Evangelisches Gesangbuch, Ausgabe für die Evangelisch-Lutherische Landeskirche Sachsens, Nr. 806.5). Insofern hebt Luther die bislang festgezurrten Grenzen zwischen der Welt und dem Heiligen, zwischen Geistlichen und Laien auf. Das normale Leben im Beruf ist der Ort des Sünderseins und der Rechtfertigung.

»Insofern hebt Luther die bislang festgezurrten Grenzen zwischen der Welt und dem Heiligen, zwischen Geistlichen und Laien auf. Das normale Leben im Beruf ist der Ort des Sünderseins und der Rechtfertigung.«

In dieser Perspektive erkennt Christian Möller die »Begeisterung für das Alltägliche« in der reformatorischen Spiritualität (vgl. zum Folgenden Christian Möller, Reformatorische Spiritualität, S. 35–44, siehe Lesehinweise am Ende des Kapitels). Luthers Hochachtung gilt gerade nicht dem Klosterleben, aus dem er kommt, sondern dem Bewähren einer am Evangelium orientierten Lebenspraxis unter Alltagsbedingungen. Christian Möller unterstreicht dies mit Beispielen aus den so genannten Tischreden und fasst zusammen:

> »Solche Tischgespräche spielen sich in einem Wittenberger Haus ab, das früher selbst ein Kloster war, in welchem nach der Regel ›ora et labora‹ Spiritualität unter besonderen und außer-

ordentlichen Bedingungen monastischen Zusammenlebens eingeübt wurde. Dass an demselben Ort nun Kinder spielen, ein munteres Familienleben blüht, Freunde und Studierende ein- und ausgehen, gegessen, getrunken und musiziert wird, setzt die monastische Regel ›ora et labora‹ keineswegs außer Kraft, sondern nur in einen neuen, alltäglichen Zusammenhang ein, weil sich das Beten und Arbeiten nunmehr in Ehe und Familie, im Beruf, im Alltag und in der Gesellschaft ereignet. Hier gewinnt das Normale und Alltägliche einen neuen Glanz und eine neue Würde. Hier wissen alle, wie sie vor Gott und mit ihrem Nächsten zusammen gehören, denn alle leben aus der Gewissheit ihres Heils, das ihnen im Glauben widerfährt« (Christian Möller, Reformatorische Spiritualität, S. 37).

Im Hintergrund dieser deutlichen Akzentverschiebung hin auf das Alltägliche steht auch die Frage nach den guten Werken. Luther sieht in der Suche nach außerordentlichen Glaubensvollzügen eine Flucht in vermeintlich höherwertige Aktivitäten. »Es hat keinen Heiligenschein, darum gilt es nichts. Da läuft der nach St. Jakob, gelobt diese sich unserer Lieben Frau. Niemand gelobt, dass er, Gott zu Ehren, sich und sein Kind wohl regiere und lehre. Er lässt die sitzen, die Gott ihm an Leib und Seele zu bewahren befohlen hatte, und will Gott an einem anderen Ort dienen, was ihm nicht befohlen ist« (zitiert bei Christian Möller, Reformatorische Spiritualität, S. 38).

»Was der Mensch zu einem geistlichen Leben braucht, findet er im Alltag. Hier ist der Ort der Auseinandersetzung zwischen Sünde und Gnade. Hier sündigt der Mensch auch in seinen besten Absichten und hier spricht Gottes Gnade ihn durch den Glauben frei.«

Was der Mensch zu einem geistlichen Leben braucht, findet er im Alltag. Hier ist der Ort der Auseinandersetzung zwischen Sünde und Gnade. Hier sündigt der Mensch auch in seinen besten Absichten und hier spricht Gottes Gnade ihn durch den Glauben frei. Hier gestaltet er sein Leben im Vertrauen auf den rettenden Gott in der Doppelstruktur des »simul justus et peccator«, in gleicher Weise gerecht und als Sünder.

4.4 Zusammenfassung

Die Begriffe »Spiritualität« oder »Frömmigkeit« lassen sich nicht in direkter Weise den biblischen Schriften entnehmen. Es finden sich aber Begriffe wie »Gottesfurcht«, »Heiligkeit«, »Gnade«, »Erbarmen« und »Vollkommenheit«, die ein Beziehungsgeschehen zwischen Gott und Mensch beschreiben. Der Heiligkeit Gottes entspricht auf menschlicher Seite die Gottesfurcht, seiner Barmherzigkeit und Gnade das Streben nach Heiligung und Vollkommenheit. Während die Rechtfertigung des Sünders allein im Handeln Gottes begründet ist, beinhaltet der Prozess der Heiligung auch die aktive Beteiligung des Menschen. Dabei geht es um die Einübung einer an Christus orientierten Lebenspraxis.

Genau diesem Impuls folgen seit frühester Zeit Christen, die sich im Streben einer ernsthaften Christus-Nachfolge zunächst in die Abgeschiedenheit der Wüste und später in klösterliche Gemeinschaften zurückziehen. Der ausgesonderte Klosterbereich und die geistliche Existenz, meist in der Doppelstruktur von Beten und Arbeiten, werden für sie zum Ort der Gottesbegegnung und zum qualifizierten Übungsweg mit dem Ziel der Vollkommenheit. Freilich werden auf diese Weise Lebensformen außerhalb von Klostermauern leicht abgewertet.

Martin Luther und die reformatorische Bewegung hingegen bewerten den Alltag neu und entdecken in den normalen Lebensvollzügen wie Ehe, Familie und Beruf das Bewährungsfeld einer an Christus orientierten Glaubens- und Lebenspraxis. Kein Stand, keine Lebensform hat einen Vorzug. Gottes Nähe lässt sich im Alltag mindestens ebenso deutlich erleben wie an besonderen Orten und in besonderen Lebensformen. Aber auch die Begeisterung für den Alltag kommt an Grenzen, wenn das Bewusstsein beispielsweise für heilige Räume und heilige Zeiten verloren geht, wenn alles alltäglich wird und nur nach funktionalen Gesichtspunkten zu bewerten ist.

Zum Weiterlesen:

Corinna Dahlgrün, Christliche Spiritualität. Formen und Traditionen der Suche nach Gott. Mit einem Nachwort von Ludwig Mödl, Berlin 2009 (besonders die Passagen zu Martin Luther, das Kapitel 3 und das Nachwort von Ludwig Mödl)

Christian Möller, Reformatorische Spiritualität: Begeisterung für das Alltägliche, in: Maria Jepsen (Hrsg.), Evangelische Spiritualität heute. Mehr als ein Gefühl, Stuttgart 2004, S. 35–44

Peter Zimmerling, Evangelische Spiritualität. Wurzeln und Zugänge, Göttingen 2003 (besonders das Kapitel 2.1.)

Günther Schulz und Jürgen Ziemer, Mit Wüstenvätern und Wüstenmüttern im Gespräch. Zugänge zur Welt des frühen Mönchtums in Ägypten, Göttingen 2010

Die Benediktsregel. Leitfaden fürs Leben. Aus dem Lateinischen von Pius Bihlmeyer, Köln 2009

5 Geistlich Leben – Elemente gegenwärtiger evangelischer Spiritualität

Peter Zimmerling fragt am Ende seiner 2003 erschienenen Monographie »Evangelische Spiritualität. Wurzeln und Zugänge« (vgl. Lesehinweise am Ende von Kapitel 4): »Gibt es eine evangelische Spiritualität?« (S. 283). Er stellt die Frage auf dem Hintergrund einer betonten Wissenschaftlichkeit in der akademischen Theologie und angesichts der prinzipiell kritischen Sicht auf religiöse Erfahrungen bei Karl Barth und Rudolf Bultmann Anfang des 20. Jahrhunderts. Außerdem verweist er auf die protestantische Vorliebe für eine am Evangelium ausgerichtete Weltverantwortung. Zimmerling bejaht die Frage dennoch und spricht sich dafür aus, vielfältige spirituelle Formen wiederzuentdecken und dabei auch bei den vorreformatorischen Konfessionen in die Schule zu gehen. Reichlich zehn Jahre später zeigen sich einige Früchte solcher Wiederentdeckungen. Die folgenden Zeilen wollen einen Überblick geben zu ausgewählten Elementen gegenwärtiger evangelischer Spiritualität, erheben dabei aber nicht den Anspruch auf Vollständigkeit.

5.1 Orientierung am Kirchenjahr

Zunächst kommen spirituelle Formen in den Blick, die sich am Kirchenjahr orientieren. Jeder Konfirmand lernt, dass der Kirchen-Jahres-Kreis die Zuwendung Gottes zu den Menschen auf vielfältige Weise nachzeichnet und erlebbar werden lässt. Am Beispiel des Gottesdienstes und am Beispiel zweier besonderer Kirchen-Jahreszeiten (Advent und Passion) lässt sich exemplarisch geistliches Lebens beschreiben, das sich am Kirchenjahr ausrichtet.

5.1.1 Beispiel Gottesdienst

Vielleicht erwartet kaum jemand unter »Elementen gegenwärtiger evangelischer Spiritualität« das Stichwort »Gottesdienst«. Er ist doch die allbekannte, geliebte und geschmähte christliche Zentralveranstaltung quer durch die Zeiten und Konfessionen. Mancher evangelische Christ mag mit dem Sonntagsgottesdienst in der vorfindlichen Gemeinde unzufrieden sein und ihn bis auf die hohen Festtage meiden. Vielleicht ist kaum eine andere christliche Veranstaltung in den letzten 50 Jahren so kritisiert worden wie der Gottesdienst. Dennoch ist er die Zusammenkunft der Gemeinde, die Woche für Woche Tausende Christen im Singen, Beten, Hören und Bekennen vereint. Und zwar am Sonntag, am ersten Tag der neuen Woche, dem Auferstehungstag unseres Herrn und Heilandes Jesus Christus. Der Sonntag ist aus dem jüdischen Sabbat hervorgegangen, dem siebenten Schöpfungstag, da Gott von allen seinen Werken ruhte. (vgl. Gen, 1 Mose 2,2 f) Er stellt eine fundamentale Unterbrechung dar. Gott legt den Ruhetag in seine Schöpfung hinein und schenkt damit den einen Tag, der anders ist als alle Tage. Der Tag, der die Alltäglichkeit unterbricht. Jeder Sonntag weist uns auf dieses Gottesgeschenk hin: Wir sind mehr als die Summe unserer Aufgaben, wir sind mehr als die Summe unserer Gedanken und Gefühle, wir sind mehr als unsere Beziehungen in der Arbeit, im Freundeskreis und der Familie – wir sind Gottes geliebte Töchter und Söhne. Daran erinnert uns die heilsame Unterbrechung, die uns der Sonntag schenkt. Und wie ließe sich Gottes Geschenk an uns besser begehen, als dass wir uns vor ihn stellen und vor ihm still werden. Genau dazu lädt uns der Gottesdienst ein. Und da er uns jeden Sonntag dazu einlädt, ist er zugleich ein Begleiter durch das Kirchenjahr. Jeder Sonntag hat seinen eigenen Namen bzw. seinen eigenen Platz im Gesamtgefüge und führt so die Gläubigen zunächst durch die Zeit der Erwartung im Advent, dann durch die Zeit der Erfüllung im Weihnachtskreis bis hin zu den letzten Sonntagen im Kirchenjahr, wenn der Blick in besonderer Weise über das irdische Leben hinaus auf die Ewigkeit gerichtet wird.

»Jeder Sonntag weist uns auf dieses Gottesgeschenk hin: Wir sind mehr als die Summe unserer Aufgaben, wir sind mehr als die Summe unserer Gedanken und Gefühle, wir sind mehr als unsere Beziehungen in der Arbeit, im Freundeskreis und der Familie – wir sind Gottes geliebte Töchter und Söhne.«

Die Vorbereitung auf den Gottesdienst beginnt bereits zu Hause. Wir machen uns auf, begeben uns bewusst auf den Weg zur gottesdienstlichen Versammlung. An der Schwelle zum Kirchenraum verlassen wir die Welt der Alltäglichkeiten und betreten den Ort, der Gott geweiht ist. Langsam verstummen die Gespräche, die Glocken rufen zur Stille vor Gott. Die Orgel begrüßt uns mit einer »Überschwemmung von überirdischen Tönen« (so beschreibt es Pascal Mercier in seinem Roman »Nachtzug nach Lissabon«, München 2006, S. 198).

Unsere Lob- und Danklieder preisen den Herrn. Im »Kyrie eleison« bitten wir um sein Erbarmen und drücken aus, wie sehr wir in Freud und Leid, in Hoffnungen und Verzweiflungen unseres Lebens auf sein Erbarmen angewiesen sind. Gottes Wort begegnet uns in den Lesungen an zentraler Stelle. Wir hören, wie Gott das Leben schenkt und erhält und welche Maßstäbe er uns mit auf den Weg gibt. Die Predigt will in der Form einer gestalteten Kanzelrede Gottes Wort konkret in unsere Lebensbezüge hineinsprechen. Gottes Wort, das uns helfen will, unseren Weg im Alltag zu gehen. Im Schuldbekenntnis bringen wir vor Gott, was uns von ihm, voneinander und auch von uns selbst trennt. Wir bitten um seine Gnade, die uns in der Absolution zugesprochen wird. Wir können neu ins Leben gehen. Jeder Gottesdienst stellt eine solche Erneuerung dar, lässt uns teilhaben an dem neu gewordenen Leben, das Christus in seiner Auferstehung uns erworben hat. Wenn wir das Heilige Abendmahl feiern, werden wir des neuen Lebens in seinem Leib und Blut teilhaftig. Der Segen am Schluss des Gottesdienstes spricht uns seinen Frieden zu und legt seinen Namen, den Namen des dreieinigen Gottes auf uns. So können wir im Frieden mit Gott zurück in unsere Häuser und am Montag wieder in den Alltag gehen. Und genau dort findet der Gottesdienst am Sonntag seine Fortsetzung als Gottesdienst im Alltag der Welt. In der Doppelgestalt von Sammlung und Sendung führt uns der Gottesdienst am Sonntag vor Gott und durch sein Wort und Sakrament zusammen, um uns gleichzeitig als Gottes

»In der Doppelgestalt von Sammlung und Sendung führt uns der Gottesdienst am Sonntag vor Gott und durch sein Wort und Sakrament zusammen, um uns gleichzeitig als Gottes geliebte Töchter und Söhne in den Alltag zu senden und dort in Wort und Tat diese Liebe zu bezeugen.«

geliebte Töchter und Söhne in den Alltag zu senden und dort in Wort und Tat diese Liebe zu bezeugen (vgl. auch unter 2.2.2 und 4.3).

Der Sonntagsgottesdienst gestaltet in seiner jahrhundertealten Form eine heilsame Begegnung mit dem heiligen Gott. So ist er ein tragendes Element christlicher und eben auch evangelischer Spiritualität. Die kurze Beschreibung der gottesdienstlichen Elemente orientiert sich an der Form des traditionellen Gottesdienstes und lässt sich auch auf neuere Formen übertragen, die teilweise auf spezielle Zielgruppen abgestimmt sind.

5.1.2 Beispiel Advents- und Passionszeit

Beide Kirchen-Jahreszeiten sind Vorbereitungszeiten, Tage der Präparation, der Annäherung an hohe Feste. Die Adventszeit gestaltet das Zugehen auf die Christgeburt, auf das Wunder der Menschwerdung Gottes. Die Passions- oder auch Fastenzeit führt uns hin zum Leiden, Sterben und Auferstehen unseres Herrn Jesus Christus. Beide Zeiten sind seit alters Fastenzeiten, Tage der inneren Einkehr und Ausrichtung auf Christus. Beide Zeiten haben von daher ihre inhaltliche Prägung und bieten Möglichkeiten der geistlichen Gestaltung.

5.1.2.1 Die Zeit des Advent

Mit dem 1. Sonntag im Advent beginnt das neue Kirchenjahr. Das alte Kirchenjahr endet mit dem Ewigkeitssonntag (auch Totensonntag genannt) und hatte das Gedächtnis an die Verstorbenen bzw. den Ausblick auf die Ewigkeit zum Inhalt. »Machet die Tore weit und die Türen in der Welt hoch, dass der König der Ehre einziehe!« Psalm 24, Vers 7 gibt das zentrale Thema der Adventszeit vor – Türen öffnen für den kommenden Herrn. Und Türen spielen ja bis heute, und nicht nur in christlichen Familien, eine große Rolle in den Bräuchen zum Advent. Zu denken ist etwa an die vielen Adventskalender, die Kleine und Große in ihren Stuben aufhängen und täglich öffnen. Auch die abgeschlossene Tür des Weihnachtszimmers und die verschiedenen familientypischen Riten zur Öffnung derselben vor der Bescherung nehmen das Thema des Psalmwortes auf. Freilich hat die kirchliche Tradition hier nicht in erster Linie Wohnungstüren oder Kalendertüren im Blick, sondern zuerst die Herzenstür. Es geht darum, sich auf die Ankunft (Advent) Gottes in der Welt und im je eigenen Leben vorzubereiten. In einem der beliebtesten Adventslieder formulierte es im 17. Jahrhundert der Königsberger Pfarrer Georg Weissel so:

> »Komm, o mein Heiland Jesu Christ, meins Herzens Tür dir offen ist. Ach zieh mit deiner Gnade ein; dein Freundlichkeit auch uns erschein. Dein Heilger Geist uns führ und leit den Weg zur ewgen Seligkeit. Dem Namen dein, o Herr, sei ewig Preis und Ehr« (Evangelisches Gesangbuch, Nr. 1 Strophe 5).

Das Motiv des Türöffnens begegnet nun auch in neueren Formen geistlichen Lebens in der Adventszeit. Mancherorts treffen sich Christen in den Wochen vor Weihnachten in Gemeinderäumen oder auch Wohnungen, um bewusst einmal im äußeren Trubel jener Tage innezuhalten. Es braucht nicht viel – eine Einladung an Menschen, die ähnlich der eigenen Sehnsucht für

»Das Motiv des Türöffnens begegnet nun auch in neueren Formen geistlichen Lebens in der Adventszeit.«

eine Zeit zur Ruhe und Besinnung kommen wollen. Verbreitete Adventssymbole wie Kerze und Stern orientieren auf das Thema Licht: Christus kommt als Licht der Welt. Vielfach wird gesungen und werden Gebete gesprochen, im Mittelpunkt aber steht der Austausch, das Gespräch. Wie hältst du es mit der Adventszeit? Was ist dir in diesen Tagen wichtig? Was möchtest du bewusst vor Weihnachten in deinem Leben, im Leben deiner Familie gestalten? Was vielleicht auch aus den Erfahrungen früherer Jahre vermeiden? Solche oft unabhängig von Veranstaltungen der Kirchgemeinden organisierten Treffen halten Ausschau nach einer angemessenen geistlichen Gestaltung dieser Tage neben allen anderen Aktivitäten zur Festvorbereitung.

In diesen Zusammenhang gehört auch der in vielen Gemeinden Jahr für Jahr organisierte *Lebendige Adventskalender.* Dabei wird für jeden Tag ein Haushalt in der Gemeinde gesucht, der die eigene Wohnungstür öffnet und zu einer durch die jeweilige Person oder Familie gestalteten Adventsstunde einlädt. Die Tage und Adressen werden bei diesem Modell im Gemeindebrief bekannt gemacht und – anders als bei einer rein privat organisierten Zusammenkunft – kann jede und jeder, klein oder groß, jung oder alt, kommen. Schon Tage vorher sieht man auf den Straßen Zahlen an Fenstern und Balkonen und weiß, wann die betreffende Person oder Familie zum Empfang bereit ist. Wer hier sein Haus oder seine Wohnung öffnet, braucht ein weites Herz. Die eigenen Räume werden hinterher nicht mehr makellos glänzen. Aber immer mehr

»Der Lebendige Adventskalender – Wer hier sein Haus oder seine Wohnung öffnet, braucht ein weites Herz. Die eigenen Räume werden hinterher nicht mehr makellos glänzen.«

Menschen nehmen das offenbar gern in Kauf und machen einmal in der Adventszeit die eigene Wohnung zum Ort der Begegnung, zum Ort der gemeinsamen Erwartung und zum Ort der Gemeinschaft mit Fremden. Singen, Musizieren, Beten, Geschichten lesen, Basteln – alles ist möglich und die, die in ein fremdes Haus kommen, freuen sich auf die jeweilige Gestaltung. Die neue Lust am Türöffnen stellt wohl auch eine Gegenbewegung dar zum gestiegenen Bedürfnis nach einer geschützten und nach außen abgeschlossenen Privatsphäre. Jedenfalls scheint die Zahl derer in den Gemeinden zu steigen, die Freude daran haben, einmal die Türen zu öffnen für alle, die eintreten wollen. Die Adventszeit bietet dafür einen willkommenen Rahmen.

Neben den genannten Aktivitäten prägen die Adventszeit eine Fülle von Gemeindeveranstaltungen – zum Beispiel *Adventsfeiern* (oder auch fälschlicherweise Weihnachtsfeiern genannt) in den verschiedenen Gemeindekreisen. Auch hier steht oft die Frage im Raum nach einer angemessenen Vorbereitung auf die Ankunft Gottes in unserer Welt, die Frage, die schon Paul Gerhardt formulierte: »Wie soll ich dich empfangen und wie begegn ich dir, o aller Welt verlangen, o meiner Seelen Zier?« (Evangelisches Gesangbuch, Nr. 11 Strophe 1).

»Liederabende, Singegottesdienste und vielfältige Konzerte laden durch die gesamte Adventszeit hindurch gerade auch in unmittelbarer Nachbarschaft der Weihnachtsmärkte zum Innehalten und zur Besinnung ein.«

Nicht zu übersehen sind an dieser Stelle die besonderen kirchenmusikalischen Aktivitäten vieler Gemeinden. Liederabende, Singegottesdienste und vielfältige Konzerte laden durch die gesamte Adventszeit hindurch gerade auch in unmittelbarer Nachbarschaft der Weihnachtsmärkte zum Innehalten und zur Besinnung ein. Allein das Weihnachtsoratorium von Johann Sebastian Bach wird im Advent tausendfach aufgeführt. Der Oratoriencharakter mit Chören, Solostimmen und Orchesterbegleitung vermag in besonderer Weise das geistliche Thema der Advents- und Weihnachtszeit erlebbar werden lassen. Viele Menschen, und bei weitem nicht nur Christen, suchen die Konzerte gezielt auf und kommen dabei mit der biblischen Botschaft von der Menschwerdung Gottes emotional in Kontakt.

5.1.2.2 Die Passionszeit

Was eben zur musikalischen Tradition im Advent gesagt wurde, lässt sich in ähnlicher Weise auch in der vorösterlichen Fastenzeit entdecken. Dabei kommen in erster Linie die Passionen in den Blick, allen voran die Johannes- und die Matthäuspassion von Johann Sebastian Bach. Auch hier vermag die musikalische Formensprache in besonderer Weise die Verkündigung vom Leiden, Sterben und Auferstehen unseres Herrn Jesus Christus einer großen Öffentlichkeit nahezubringen.

Es ist der Weg Jesu, den die *Passionsmusiken* vertonen und den sich Christen in diesen 40 Tagen auf verschiedene Weisen vergegenwärtigen. Die Zahl 40 findet sich in den biblischen Schriften an verschiedenen Stellen – beispielsweise Mt 4,2: Jesus fastete 40 Tage und Nächte in der Wüste. Die Fastenzeit beginnt mit dem Aschermittwoch und endet in der Osternacht. Da Sonntage generell keine Fastentage waren, ergibt sich die Zahl 40 bei Auslassung der Sonntage.

Das »für uns, für mich« (pro nobis, pro me) stellt die Herausforderung dar, immer wieder neu nach dem persönlichen und existentiellen Bezug zu den Vorkommnissen vor 2000 Jahren zu fragen. In manchen evangelischen Gemeinden wird seit einigen Jahren in der Fastenzeit zu Exerzitien im Alltag eingeladen. Exerzitien (vgl. ausführlicher unter 5.5.2) sind geistliche Übungen, stammen aus dem Bereich katholischer Spiritualität und gehen zurück auf Ignatius von Loyola (1491–1550). Während Ignatius mehrtägige Kurse im Blick hatte, gibt es inzwischen Exerzitien unter Alltagsbedingungen. Jede Teilnehmerin und jeder Teilnehmer richtet jeweils für sich einmal am Tag eine Zeit von ca. 20 bis 30 Minuten ein, um nach einer Vorlage innezuhalten im Gebet und in der Meditation eines Bibelwortes. Einmal pro Woche kommt die Gruppe an einem Abend zusammen und tauscht sich über die persönlichen Erfahrungen aus. Außerdem gibt es bei der Zusammenkunft die Anleitungen für die kommende Woche. Meist umfassen Exerzitien im Alltag insgesamt vier Wochen. Die Passionszeit ist dafür ein bewährter Ort, da sich die Möglichkeit bietet, im übertragenen Sinn mit Jesus auf dem Weg nach Jerusalem zu sein und der Bedeutung seines Leidens und Sterbens für den eigenen Glaubens- und Lebensweg nachzuspüren.

»In manchen evangelischen Gemeinden wird seit einigen Jahren in der Fastenzeit zu Exerzitien im Alltag eingeladen.«

Tief verwurzelt in evangelischen Gemeinden sind *Passionsandachten*. Auch dabei ist es das Ziel, Jesu Weg ans Kreuz nachzuvollziehen im eigenen Bedenken und Betrachten. Gestaltung und Häufigkeit der Passionsandachten können dabei sehr verschieden sein. Oft wird im Wochenrhythmus an einem bestimmten Tag dazu eingeladen. Manchmal begegnen sie auch konzentriert an drei Abenden in der Karwoche – Montag, Dienstag und Mittwoch. Es kann dann mit verteilten Rollen die Passionsgeschichte jeweils eines Evangelisten gelesen werden, ehe am Donnerstag im Abendgottesdienst im Gedächtnis an Jesu letztes Mahl mit den Jüngern das Abendmahl gefeiert wird und im Gottesdienst am Karfreitag die Passionstexte aus dem Johannesevangelium ihren liturgischen Platz haben.

5.2 Orientierung an der Tagzeit

So, wie das Kirchenjahr immer wiederkehrende Anhaltspunkte zur konkreten Gestaltung des geistlichen Lebens bietet, so lassen sich im Tageslauf Markierungen setzen zum Innehalten vor Gott. Martin Luther hatte unter Klosterbedingungen die Vielzahl der Stundengebete über Jahre praktiziert. Sie gliedern den Tag auf eindrückliche Weise und stellen die Beter zu den verschiedenen Zeiten immer wieder vor Gott. Luther empfahl einem alltagstauglichen spirituellen Leben in den Familien vor allem die Morgen- und die Abendandacht. Daneben kann die Mittagszeit eine zusätzliche Gelegenheit bieten, mitten im Tagwerk innezuhalten vor Gott.

5.2.1 Beispiel Morgengebet

»Wie an jenem ersten Tag, den Gott werden ließ, verdrängt das Licht die Finsternis und öffnet neu Raum und Zeit zur Gestaltung des Tages.«

»Jeder neue Morgen ist ein neuer Anfang unseres Lebens« – dieses Wort von Dietrich Bonhoeffer beschreibt das Potential, das jeder Morgen in sich hat. Wie an jenem ersten Tag, den Gott werden ließ, verdrängt das Licht die Finsternis und öffnet neu Raum und Zeit zur Gestaltung des Tages. Insofern ist es gut, am Morgen vor Beginn des Tagwerkes innezuhalten, den neuen Tag bewusst aus Gottes Händen dankbar zu empfangen. Jeder Tag ist sein Geschenk an uns. Wir können uns keinen einzigen Tag selbst geben. Die kleine Morgenandacht kann damit beginnen, dass wir uns auf unsere Füße stellen und bewusst wahrnehmen – der Boden trägt. Ich bin gehalten. Ich kann stehen und mich bewegen. Im Morgenlied »Die güldne Sonne« formuliert Paul Gerhardt: »... Mein Haupt und Glieder, die lagen darnieder; aber nun steh ich, bin munter und fröhlich, schaue den Himmel mit meinem Gesicht« (Evangelisches Gesangbuch, Nr. 449). So, wie der Boden mich trägt und ich gehalten bin, so kann ich mich aufrichten und ausrichten zum Himmel hin, zu Gott hin. Wer möchte, kann die Hände erheben zum Himmel und auf diese Weise die Offenheit auch körperlich ausdrücken, die Offenheit für Gott, für sein Wirken an mir und durch mich. Wenn jeder Morgen ein neuer Anfang meines Lebens ist, dann hat auch jeder neue Tag seine eigene Chance und die je eigene Möglichkeit, den Tag zu gestalten. Gerade wenn viele Termine schon festliegen und die innere Anspannung bereits spürbar ist, hilft die Besinnung auf die Spielräume, die jeder Tag oft auch unverhofft bietet. Ich kann Gott darum bitten, mir dafür immer wieder neu die Augen zu öffnen. Nach dieser kleinen körperlichen Übung des Stehens und Ausrichtens kann ein Bibelwort folgen. Das Herrnhuter Losungsbuch, Gesang-

»Gerade wenn viele Termine schon festliegen und die innere Anspannung bereits spürbar ist, hilft die Besinnung auf die Spielräume, die jeder Tag oft auch unverhofft bietet.«

bücher und viele andere Andachtsbücher bieten hier täglich ausgewählte Worte zur Besinnung und zur Meditation an. Sehr empfiehlt es sich auch, am Morgen ein Lied zu singen. Noch bevor wir in den verschiedenen Bereichen unseres alltäglichen Lebens unsere Stimme gebrauchen, kann sie erklingen zum Lob Gottes. Und gleichzeitig führt uns der Gesang auch weg von der Fixierung auf die eigenen Gedanken und weitet den inneren Raum am Beginn eines neuen Tages.

Eine bewährte und nach wie vor beliebte Form der Morgenandacht stellt *Luthers Morgensegen* dar (Evangelisches Gesangbuch, Ausgabe für die Evangelisch-Lutherische Landeskirche Sachsens, Nr. 815):

Des Morgens, wenn du aufstehst, kannst du dich segnen mit dem Zeichen des heiligen Kreuzes und sagen:

Das walte Gott Vater, Sohn und Heiliger Geist! Amen.

Darauf kniend oder stehend das Glaubensbekenntnis und das Vaterunser. Willst du, so kannst du dies Gebet dazu sprechen:

Ich danke dir, mein himmlischer Vater, durch Jesus Christus, deinen lieben Sohn, dass du mich diese Nacht vor allem Schaden und Gefahr behütet hast, und bitte dich, du wollest mich diesen Tag auch behüten vor Sünden und allem Übel, dass dir all mein Tun und Leben gefalle. Denn ich befehle mich, meinen Leib und Seele und alles in deine Hände. Dein heiliger Engel sei mit mir, dass der böse Feind keine Macht an mir finde.

Alsdann mit Freuden an dein Werk gegangen und etwa ein Lied gesungen oder was dir deine Andacht eingibt.

An Luthers Morgensegen lassen sich die folgenden Hinweise zur Gestaltung des geistlichen Lebens am Morgen erkennen:

Martin Luthers Morgensegen – Impulse für einen geistlichen Tagesbeginn

– Luther hat das Kreuzeszeichen nicht abgelehnt. Es war für ihn und es ist es für viele evangelische Christen bis heute eine körperliche Möglichkeit, sich stets neu dem dreieinigen Gott anzuvertrauen. Dabei werden Stirn, Brust, linke und rechte Schulter im Zeichen des Kreuzes berührt. Versteht man den Kopf als Sitz der intellektuellen Fähigkeiten, Herz und Brust als Sitz der emotionalen Kräfte, die Schultern als Ansatz von Armen und Händen, mit denen wir an die Arbeit gehen, so wird deutlich, wie dieses Zeichen Christi den ganzen Menschen umfasst. Wer sich so bezeichnet, erinnert sich an die Taufe, bei der wir mit dem Zeichen des Heiligen Kreuzes gesegnet wurden.

»Luther hat das Kreuzeszeichen nicht abgelehnt. Es war für ihn und es ist es für viele evangelische Christen bis heute eine körperliche Möglichkeit, sich stets neu dem dreieinigen Gott anzuvertrauen.«

– Luther empfiehlt zwei Texte, die den Gemeinschaftsbezug herstellen. Das Glaubensbekenntnis und das Vaterunser spricht der Betende zwar in seiner Andacht allein, aber er weiß sich dabei verbunden mit den Christen weltweit und zu allen Zeiten. Beide Texte binden den Einzelnen ein in die große Gemeinschaft der Kirche Jesu Christi.

- Das eigentliche Morgengebet beginnt mit dem Dank für die Ruhe der Nacht und schließt die Bitte an, auch im Tagwerk behütet und gehalten zu sein durch Gottes Wort. Dabei setzt der Beter ganz auf Gottes Gnade, der er sich mit Leib und Seele anvertraut.
- Luther lässt Spielraum für das, was »dir deine Andacht eingibt«, empfiehlt, ein Lied zu singen und mit Freude an die Arbeit zu gehen.

5.2.2 Beispiel Mittagsläuten und Abendgebet

Zumeist dreimal täglich läuten in unseren Gegenden die Glocken – morgens, mittags und abends. Viele Zeitgenossen kennen die Hintergründe nicht mehr. Auf manchen Dörfern trifft man allerdings noch Menschen, die sich an Zeiten erinnern, da beispielsweise beim Mittagsläuten das Arbeitsgerät aus der Hand gelegt und still gebetet wurde. Das Geläut verstand man als heilsame Unterbrechung, als ein Innehalten vor Gott. Und nicht wenige werden auf der Suche nach einer alltagstauglichen Struktur des geistlichen Lebens auf solche Zeichen wieder aufmerksam. Jemehr der Alltag alle geistigen und körperlichen Kräfte bindet, je mehr auch kleinste Zwischenzeiten mit dem Blick auf Handy oder Smartphone verzweckt werden, umso mehr wächst das Bedürfnis nach Unterbrechung. Das Mittagsgeläut setzt hier ein Zeichen und lädt dazu ein, fünf Minuten innezuhalten, sich kurz abzuwenden von den Dingen, die uns umtreiben, und aufzusehen zu Christus, dem Anfänger und Vollender des Glaubens. Das Mittagsläuten lädt ein, den

Blick zu heben und wahrzunehmen: Wir sind mehr als die Fülle unserer Aufgaben, mehr als die Summe unserer Beziehungen und Kontakte, wir sind Gottes geliebte Töchter und Söhne. Ein kurzes *Gebet zur Mittagszeit* findet sich im Evangelischen Gesangbuch (Ausgabe für die Evangelisch-Lutherische Landeskirche Sachsens, Nr. 821). Es erinnert auf der Höhe des Tages daran, dass Gott die Mitte unseres Lebens ist und es bittet um Mut und Kraft, in rechter Weise Prioritäten zu setzen:

»Das Mittagsläuten lädt ein, den Blick zu heben und wahrzunehmen: Wir sind mehr als die Fülle unserer Aufgaben, mehr als die Summe unserer Beziehungen und Kontakte, wir sind Gottes geliebte Töchter und Söhne.«

> »Auf der Höhe des Tages halten wir inne. Lasset uns Herzen und Hände erheben zu Gott, der unseres Lebens Mitte ist:
> Herr, unser Gott, lass uns vor dir stehen mitten im Tagwerk, gib uns den Mut und die Kraft, dass wir das Eine suchen, dass wir tun, was not ist, lass uns wandeln vor deinen Augen.«

Eine dritte Gebetszeit gehört traditionell in die *Abendstunden*. Wenn der Tag zu Ende geht, wenn es wieder Nacht wird, ist es Zeit, den Tag in Gottes Hände zurückzulegen. Das kann beispielsweise mit Luthers Abendsegen geschehen (Evangelisches Gesangbuch, Ausgabe für die Evangelisch-Lutherische Landeskirche Sachsens, Nr. 852, vgl. dazu auch die Gedanken zum Morgengebet unter 5.2.1) oder mit einem anderen Gebet. In der katholischen Kirche gab es in der ignatianischen Tradition (Ignatius von Loyola 1491–1550, Gründer des Jesuitenordens) die abendliche Gewissenserforschung. Sie diente der kritischen Sicht auf das persönliche

Tageserleben und zielte darauf ab, vor Gott Schuld zu bekennen und ihn um Vergebung zu bitten. Insofern war das Gebet relativ stark auf das Negative fixiert. In den letzten Jahren wandelte sich in der ignatianischen Spiritualität die Gewissenserforschung zum »Gebet der liebenden Aufmerksamkeit« (vgl. Willi Lambert, Gebet der liebenden Aufmerksamkeit, siehe Lesehinweise am Ende des Kapitels). Dabei geht es einerseits um die Aufmerksamkeit Gottes. Der Beter stellt sich bewusst vor, dass Gott auf ihn sieht mit liebender Aufmerksamkeit, mit einem liebenden Blick. Und unter den Augen seiner Liebe schaut der Betende andererseits liebevoll auf den zu Ende gehenden Tag. Im Gebet der liebenden Aufmerksamkeit werden die einzelnen Tagesstationen noch einmal vor Gott erinnert und vergegenwärtigt. Was schön war und angenehm – sei es ein Blick gewesen, ein Wort, eine Geste – ebenso wie das, was belastend und verletzend war, was weh getan und vielleicht auch mit Versagen und Schuld zu tun hat. Beides darf noch einmal lebendig werden vor dem inneren Auge und unter dem liebenden Blick Gottes. Das Eine wird zum Gotteslob und zum Dank, das Andere zur Klage, zur Bitte um Vergebung und Verwandlung. Beides darf am Ende des Tages vor Gott benannt und in seine liebenden Hände abgelegt werden.

»Im Gebet der liebenden Aufmerksamkeit werden die einzelnen Tagesstationen noch einmal vor Gott erinnert und vergegenwärtigt.«

5.3 Orientierung an den Sakramenten

Evangelischer Spiritualität war lange Zeit die nahezu ausschließliche Konzentration auf den Verstand eigen. Glauben und Verstehen gehören für Protestanten unwidersprochen eng zusammen. Aber viele Menschen fühlen sich von einem rein kognitiven Zugang zu Glaubensvollzügen heute nicht mehr angesprochen. Der Wunsch nach Erfahrbarkeit, nach Körperlichkeit prägt unsere Zeit und hat im Bereich der evangelischen Kirchen schon vor Jahren auch die Sakramente wieder stärker in den Blick gerückt. Überhaupt sind Symbole und Rituale zur Lebensbewältigung gerade auch in Krisenzeiten besonders gefragt. Damit wird die Konzentration auf das Wort nicht infrage gestellt. Im Sakrament ermöglicht die sinnliche Erfahrung des Evangeliums ein tieferes Erschließen des in der Verkündigung gesprochenen Wortes. Insofern bieten sich die Sakramente zur Orientierung für das geistliche Leben an.

»Der Wunsch nach Erfahrbarkeit, nach Körperlichkeit prägt unsere Zeit und hat im Bereich der evangelischen Kirchen schon vor Jahren auch die Sakramente wieder stärker in den Blick gerückt.«

Das lateinische Wort »Sacramentum« ist die Übersetzung von »Mysterion« (griechisch Geheimnis, geheimnisvoller Vorgang). Die evangelischen Kirchen sprechen nur bei Taufe und Abendmahl von Sakramenten, während die katholische und die anglikanische Kirche sowie die orthodoxen Kirchen auch Buße (Beichte), Firmung, Krankensalbung (»letzte Ölung«), Ehe und Ordination (Weihe der Diakone, Priester und Bischöfe) zu den Sakramenten zählen. Die Reformatoren verstanden unter einem Sakrament eine symbolischrituelle Handlung, die sich biblisch auf eine Stiftung (Einsetzung) zurückführen lässt und bei den Gläubigen Heil wirkt. Luther und Melanchthon sahen das schließlich nur bei Taufe und Abendmahl gegeben, wobei Luther lange zögerte, ob die Beichte nicht als Sakrament zu verstehen sei. Wegen der inhaltlichen Nähe erscheinen die Beichte und die sie begleitende Seelsorge an dieser Stelle.

5.3.1 Beispiel Taufe und Abendmahl

Mit Taufe und Abendmahl wenden wir uns zunächst den beiden für die evangelischen Kirchen typischen Sakramenten zu. Sie erleben in den letzten Jahren geradezu eine Blütezeit. Die Taufhandlung und besonders auch Formen der Tauferinnerung stehen im Blickpunkt vieler Gemeinden, und Sakramentsgottesdienste mit eingeschlossener Feier des Heiligen Abendmahls finden fast überall mindestens monatlich statt. Noch vor etwa 30 Jahren wurde in vielen evangelischen Kirchen nur zwei- bis dreimal im Jahr Abendmahl gefeiert.

5.3.1.1 Taufe

Umstritten war und ist in der Theologie die Frage nach der *Kindertaufe*. Während die Einen den Bekenntnischarakter betonen und ihn vor allem in der Erwachsenentaufe verankert sehen, vertreten Andere stärker das unverdiente Geschenk der Gnade als Kernpunkt biblischer Tauftheologie und verbinden diesen Aspekt vor allem mit der Kindertaufe. Sie wird dann zum Symbol dafür, dass Gottes Gnade allem Bekennen vorausläuft und vorbehaltlos jedem Menschen gilt. Unterschiedliche Akzentsetzungen wird es immer geben, aber es zeigt sich ein Konsens in der Grundüberzeugung, dass beide Elemente die biblischen Tauftexte prägen. Einerseits ist die Taufe ein Akt göttlicher Gnade und andererseits kann sie sich nur entfalten in einer entsprechenden menschlichen Antwort auf das Handeln Gottes.

Beide Elemente können nun auch zur Orientierung für eine spirituelle Entfaltung der Taufgnade werden. Die Taufe selbst ist als Sakrament eine sinnliche Erfahrung. Freilich wird diese, wenn sie im Säuglingsalter stattfindet, beim Täufling kaum erinnerbare Eindrücke hinterlassen. Die zur Taufe übereichte *Kerze* kann aber dabei helfen, von Anfang an Jahr für Jahr am Tauftag eine Erinnerungskultur an das Taufgeschehen zu entwickeln. Auf vielfältige Weise kann die Familie dabei von der Kirchgemeinde unterstützt werden. Zum Beispiel durch regelmäßig stattfindende Gottesdienste zur *Tauferinnerung* für Jung und Alt. Zum Bespiel auch durch *Taufbäume*, die im Seitenschiff, im Altarraum oder in der Taufkapelle stehen. An den Zweigen des Baumes, der aus unterschiedlichen Materialien gestaltet sein kann, finden die Täuflinge ihren Platz als Blätter. Sie schmücken einerseits den Baum und verdeutlichen andererseits die in Christus gestiftete Gemeinschaft aller Getauften. So wird bei den Täuflingen und in der Gemeinde die Erinnerung an die eigene Taufe wachgehalten. Ich bin getauft – dieser Satz hat Martin Luther in den Stürmen seiner Zeit und in den persönlichen Anfechtungen stets die vorauslaufende Gnade Gottes wieder ins Bewusstsein gerückt. Du bist ein geliebtes

»Ich bin getauft – dieser Satz hat Martin Luther in den Stürmen seiner Zeit und in den persönlichen Anfechtungen stets die vorauslaufende Gnade Gottes wieder ins Bewusstsein gerückt.«

Kind Gottes! Nichts und niemand können dich seiner Gnade entreißen! Tauferinnerungen halten diesen persönlichen Zugang wach. Dazu darf auch das *Kreuzeszeichen* gezählt werden (vgl. unter 5.2.1), weil es im Grunde eine Erinnerung darstellt, in der Taufe mit dem Zeichen des heiligen Kreuzes gesegnet zu sein.

Taufe ist einerseits die sakramentale Handlung, das konkrete Geschehen, das mit einer vielfältig gestalteten Erinnerungskultur gepflegt wird. Und andererseits ist die Taufe der Beginn eines Weges, ein immer weiteres Hineinwachsen in die bekennende Gemeinde und in die Fülle der göttlichen Gnade. Eine Möglichkeit der gemeinschaftlichen Erinnerung an das Taufbekenntnis stellt die *Feier der Osternacht* dar. Hier bietet die Agende eine Befragung der Gemeinde an, ob sie am Bekenntnis zu Jesus Christus festhalten möchte. Nach dem gesprochenen Glaubensbekenntnis stellt der Liturg die Frage: »Wollt ihr in diesem Glauben bleiben und wachsen, so antwortet: Ja, mit Gottes Hilfe«. Danach kann die Gemeinde mit Taufwasser besprengt werden (Passion und Ostern. Agende für evangelisch-lutherische Kirchen und Gemeinden Band II, Teilband I, Hannover 2011, S. 160 ff).

5.3.1.2 *Abendmahl*

Anders als die Taufe ist das Abendmahl kein einmaliger Akt, sondern wird immer wieder gefeiert. In Bezug auf die Taufe sind in letzter Zeit vielfältige Erinnerungsformen entwickelt worden, damit das Taufgeschehen stärker als Beginn bzw. Station eines Weges im Glauben erfahrbar wird. Das Abend-

»Das Abendmahl versteht sich von Anfang an als Stärkung auf dem Weg des Glaubens.«

mahl versteht sich von Anfang an als Stärkung auf dem Weg des Glaubens. Folgende Impulse kann das geistliche Leben aus einer häufigen Abendmahlspraxis gewinnen:

Vier Impulse aus einer häufigen Abendmahlspraxis für das geistliche Leben

- Das Abendmahl lässt die *Hoffnung des Evangeliums sinnlich erleben.* Es öffnet den Horizont auf das Reich Gottes, wenn er alle Tränen abwischen und der Tod nicht mehr sein wird, noch Leid, noch Geschrei, noch Schmerz (vgl. Offb 21,4).
- Im Abendmahl erleben wir die *Gemeinschaft der Glaubenden.* Gemeinsam stehen wir vor ihm und empfangen gemeinsam aus seiner Hand, was wir zum Leben brauchen. Dabei erkennen wir unsere Verantwortung für die Menschen an unserer Seite und für Gottes gute Schöpfung.
- Gleichzeitig führt uns das Abendmahl in eine *vertiefte Gemeinschaft mit dem dreieinigen Gott.* Er schenkt sich uns in Jesus Christus ganz und gar und geht ein in unser Fleisch und Blut.
- Gott lässt uns im heiligen Abendmahl *Versöhnung* widerfahren *durch die Vergebung der Sünden.* Im Kelchwort sagt Jesus Christus: »Trinket alle daraus; das ist mein Blut des Bundes, das vergossen wird für

»Gott lädt uns als Sünder an seinen Tisch und nimmt uns an als seine geliebten Söhne und Töchter. Er setzt damit fort, was der irdische Jesus zeichenhaft begann – die Tischgemeinschaft mit Zöllnern und Sündern.«

viele zur Vergebung der Sünden.« (Mt 26,27 f.) Gott lädt uns als Sünder an seinen Tisch und nimmt uns an als seine geliebten Söhne und Töchter. Er setzt damit fort, was der irdische Jesus zeichenhaft begann – die Tischgemeinschaft mit Zöllnern und Sündern.

Den unaufgebbaren Kern des Abendmahles bilden »die Danksagung, die Einsetzungsworte und der Empfang des gesegneten Brotes und Weines« (Heiko Franke, Manfred Kießig, Wo der Glaube wohnt, S. 108). Die Feier kann dann in unterschiedlichen Formen Gestalt annehmen. Seit dem Nürnberger Kirchentag 1979 gibt es als eine spezielle Form das *Feierabendmahl.* Es versteht sich als ein Gottesdienst am Feierabend, der die Gemeinschaft in der Abendmahlsfeier betont. Die Form des Feierabendmahles bietet Raum für verschiedene Elemente. Zum Beispiel wird in Texten und Gebeten auf jeweilige politische und gesellschaftliche Herausforderungen eingegangen. Ebenso können neue Stilelemente und Ausdrucksformen von Jugendlichen in die Feier integriert werden. In einer längeren Vorbereitungsphase unter Einbeziehung engagierter Laien entsteht die Liturgie und kann ganz auf die jeweilige Gemeinde und die spezielle (kommunal-)politische und gesellschaftliche Situation abgestimmt sein. Neben der Information zu gesellschaftlichen Problemen (mit Klagen und Bitten) kommen auch ermutigende Erfahrungen (mit Lob und Dank) zum Ausdruck.

Das *Abendmahl mit Kindern* war in der alten Kirche Praxis und so ist es bis heute in den orthodoxen Kirchen. Freilich wurde und wird als Voraussetzung betrachtet, dass die teilnehmenden Kinder es von einer gewöhnlichen Mahlzeit unterscheiden können. Der Zeitpunkt, ab wann dies der Fall ist, war über viele Jahrhunderte nicht genau festgelegt. Erst vor etwa 300 Jahren wurde das erste Abendmahl mit der Konfirmation verbunden. Dem widerspricht allerdings das Verständnis der Taufe als Eingliederung in den Leib Christi. Insofern bestehen heute keine grundsätzlichen Bedenken mehr, auch Kinder zum Abendmahl einzuladen. Auch kleinere Kinder lernen, das heilige Abendmahl von anderen Mahlzeiten zu unterscheiden. Dadurch können sie in der Gemeinschaft mit ihren Eltern, ihren Geschwistern und der Gottesdienstgemeinde begreifen, dass sie zu Jesus Christus und seiner Gemeinde gehören. Auch hier zeigt sich in der Praxis der Mahlfeier die innere Verbindung mit der Taufe.

5.3.2 Beispiel Seelsorge und Beichte

Im Normalfall wird die Beichte in seelsorgerliche Begleitung eingebunden sein. Hintergrund entsprechender Gespräche sind oft Lebenskrisen bzw. Anlässe im Zusammenhang mit beabsichtigten Amtshandlungen (z. B. Taufe, Trauung, Bestattung) oder in Prozessen geistlicher Begleitung. Letztere stellt eine besondere Form der Seelsorge dar. Während Seelsorge oft bei konkreten Anlässen aufgesucht wird, sind Prozesse der geistlichen Begleitung langfristig angelegt. In ihnen geht es um das »Lebens-Gespräch mit Gott« (Ralf Stolina, Lebens-Gespräch, S. 288, vgl. Lesehinweise am Ende des Kapitels). Manchmal bricht relativ unvermittelt die Gottesfrage im Leben eines Menschen auf. Im Rahmen der geistlichen Begleitung können dann im Gespräch Hintergründe und Konsequenzen erspürt werden (vgl. dazu auch unter 1.2). Dabei kommen nicht selten belastende Erfahrungen, zunächst unbewusste Ängste, Sorgen und Nöte in den Blick. Im Rahmen der Gespräche wird dann mitunter die Frage der Schuld, auch der Schuld vor Gott gestellt und bedrängend erlebt. Dabei ist die Grenze zu beachten zwischen tatsächlicher Schuld und einem vielleicht nicht weniger bedrängenden Schuldgefühl. Von einem Schuldgefühl kann in der Beichte nicht losgesprochen werden, während eine Psychotherapie auch keine reale Schuld vergeben kann. Eine wesentliche Voraussetzung für die Beichte ist der Glaube an den gnädigen und vergebungsbereiten Gott. Dazu gehört bei dem Beichtwilligen die Bereitschaft, die durch die Beichte vergebene Schuld auch wirklich los und hinter sich zu lassen, es Gott zu überlassen.

Die Beichte vermittelt die befreiende Kraft des Evangeliums, wenn vor Gott alles Belastende und Schuldhafte benannt und in der Absolution die Vergebung Gottes dem betreffenden Menschen konkret und durch Auflegen der Hände zugesprochen wird.

»Die Beichte vermittelt die befreiende Kraft des Evangeliums, wenn vor Gott alles Belastende und Schuldhafte benannt und in der Absolution die Vergebung Gottes dem betreffenden Menschen konkret und durch Auflegen der Hände zugesprochen wird.«

Über Sinn und Ziel der Beichte lesen wir im Evangelischen Gesangbuch:

> »Die christliche Kirche hat von ihrem Herrn den Auftrag, den Menschen, die von der Gewissenslast einer Schuld freiwerden wollen, die Vergebung zuzusprechen und ihnen so zu einem neuen Anfang zu helfen. In der Beichte wird erkannte Schuld

ausgesprochen und das Verlangen nach Versöhnung mit Gott und den Menschen bekundet ... Zur Beichte gehören das Eingeständnis der Schuld (Sündenbekenntnis) und die Lossprechung (Absolution)« (Evangelisches Gesangbuch, Ausgabe für die Evangelisch-Lutherische Landeskirche Sachsens, Nr. 792).

Damit es zum Bekenntnis der Sünden und zur Lossprechung kommen kann, braucht der Beichtwillige einen Seelsorger und einen geschützten Raum. Kreuz und Kerze weisen darauf hin, dass das Gespräch vor Gott stattfindet und er gleichsam als Dritter im Beichtgeschehen handelt. Im konkret zugesprochenen Vergebungswort unter Auflegen der Hände und dem Segenszeichen des Heiligen Kreuzes erfährt der Beichtende die Liebe Gottes. Gott vergibt und ermöglicht einen neuen Anfang. Diese Erfahrung führt unmittelbar in die Dankbarkeit vor Gott und nicht selten zum konkreten Lobpreis, sei es im Lied, im Gebet oder in welcher Form auch immer. Die so erfahrene Vergebung Gottes ist von anderer persönlicher Konkretheit und existentieller Erfahrbarkeit als das allgemeine Schuldbekenntnis mit Vergebungszuspruch im öffentlichen Gottesdienst. Die befreiende Wirkung der Einzelbeichte setzt spirituelle Akzente und beflügelt das geistliche Leben nachhaltig. Oft finden Menschen nach einer erlebten Beichte viel leichter die Zeit und die Elemente einer geistlichen Lebensgestaltung im Alltag. Das unter 5.2.2 beschriebene Gebet der liebenden Aufmerksamkeit kann beim Tagesrückblick am Abend das Bewusstsein für immer wiederkehrende schuldhafte Verstrickungen wachhalten und zu einer regelmäßigen Beichtpraxis führen.

5.4 Orientierung an der Musik

Die Erfolgsgeschichte der Reformation im 16. Jahrhundert lässt sich ohne die Wirkung der neuen Kirchenlieder nicht erklären. Es gab kaum Bibeln, die Buchdruckerei war gerade erst erfunden, die meisten Menschen konnten nicht lesen und die Messe wurde in lateinischer Sprache gefeiert. Martin Luther verwendete bei seiner Übersetzung zunächst des Neuen Testaments das Meißner Kanzleideutsch und damit eine Sprache, die alle verstanden, Gelehrte und Bauern. Aber vor allem seine Lieder, die die zentralen Anliegen der Reformation thematisierten, erreichten wirklich die Massen und machten die Reformation zu einer Singebewegung. Bis heute nimmt die Musik in der evangelischen Spiritualität einen zentralen Platz ein.

5.4.1 Beispiel Evangelisches Gesangbuch

Auch im aktuellen Evangelischen Gesangbuch von 1994 gehen die meisten Lieder auf Martin Luther (1483–1546) und Paul Gerhardt (1607–1676) zurück. Letzterer gilt auch folgerichtig als größter protestantischer Liederdichter nach Martin Luther. Der Reformator vertonte eher die objektiven Glaubensaussagen, um sie so den Leuten nahezubringen. Paul Gerhardt gab dabei auch der eigenen Frömmigkeit breiten Raum und legte dem singenden

»Der Reformator vertonte eher die objektiven Glaubensaussagen, um sie so den Leuten nahezubringen. Paul Gerhardt gab dabei auch der eigenen Frömmigkeit breiten Raum und legte dem singenden Ich hoffnungsvolle und erwartungsfrohe Naturbilder in den Mund.«

Ich hoffnungsvolle und erwartungsfrohe Naturbilder in den Mund. Sein berühmtes und gerade zur Sommerzeit gern gesungenes Lied »Geh aus, mein Herz, und suche Freud« kann dies verdeutlichen und so die eigene Freude und das eigene Gotteslob anregen (Evangelisches Gesangbuch, Nr. 503):

Geh aus, mein Herz, und suche Freud in dieser lieben Sommerzeit an deines Gottes Gaben;

schau an der schönen Gärten Zier und siehe, wie sie mir und dir sich ausgeschmücket haben.

Paul Gerhardt fordert das eigne Herz auf, hinauszugehen – hinaus in die Natur, aber vielleicht auch heraus aus dem trübsinnigen Geist, aus den sorgenvollen Gedanken oder aus dem schmerzenden Leib. Auszug wird empfohlen, weil im Vorfindlichen keine Hoffnung und keine Freude aufkommen wollen. Paul Gerhardt erlebte dreißig Jahre Krieg, eine Zeit voller Not und Elend. Er lässt nun in den Strophen 2 bis 7 einem Naturbild das andere folgen (Bäume, Lerche, Glucke, Bächlein, Bienenschar, Weizen), ehe die Wirkung auf das eigene Ich in der Strophe 8 zur Sprache kommt:

Ich selber kann und mag nicht ruhn, des großen Gottes großes Tun erweckt mir alle Sinnen;

ich singe mit, wenn alles singt, und lasse, was dem Höchsten klingt, aus meinem Herzen rinnen.

Das Naturerleben lässt das große Tun des großen Gottes transparent werden und weckt so die vorher erschlafften Sinne. Jetzt singt alles und aus dem Herzen rinnt das Lob des Schöpfers:

Ach, denk ich, bist du hier so schön und lässt du 's uns so lieblich gehn auf dieser armen Erden: was will doch wohl nach dieser Welt dort in dem reichen Himmelszelt und güldnen Schlosse werden.

Jetzt, nachdem die Natur die Sinne geweckt hat, kann der Verstand auch wieder das Hoffnungspotential des Evangeliums erfassen. Wenn die Natur hier so reichlich Schönheit abbildet, wie muss es erst dort sein, wo Gott alles in allem ist? Auf dem Weg dorthin werden in den Strophen 14 und 15 nach Gotteslob und Dank noch mehrere Bitten formuliert:

Mach in mir deinem Geiste Raum, dass ich dir werd ein guter Baum, und lass mich Wurzel treiben. Verleihe, dass zu deinem Ruhm ich deines Gartens schöne Blum und Pflanze möge bleiben.

Erwähle mich zum Paradeis und lass mich bis zur letzten Reis an Leib und Seele grünen, so will ich dir und deiner Ehr allein und sonsten keinem mehr hier und dort ewig dienen.

Aber es sind natürlich nicht nur die alten Lieder, die uns anregen können, unser eigenes Leben vor Gott zu bedenken und zu betrachten. Aus den neueren Liedern wähle ich ein Beispiel der Niederländer Huub Oosterhuis (Text 1969, deutsch von Lothar Zenetti 1974) und Bernard Maria Huijbers (Musik 1964) aus. Es findet sich im Evangelischen Gesangbuch, Nr. 382. Darin heißt es:

Ich steh vor dir mit leeren Händen, Herr; fremd wie dein Name sind mir deine Wege. Seit Menschen leben, rufen sie nach Gott; mein Los ist Tod, hast du nicht andern Segen? Bist du der Gott, der Zukunft mir verheißt? Ich möchte glauben, komm du mir entgegen.

Mit leeren Händen – wann haben wir leere Hände? Meist sind unsere Hände, unsere Köpfe und unsere Herzen gut gefüllt mit vielerlei Dingen, Gedanken und Emotionen. Ich erinnere mich an eine Beerdigung, in der die Ehefrau und die halbwüchsigen Kinder des Verstorbenen dieses Lied gewählt haben. Sie fanden das, was sie in ihrer Trauer erschütterte, in diesem Lied ausgedrückt. Eine Strophe, die mehr Fragen stellt als Aussagen wagt:

Von Zweifeln ist mein Leben übermannt, mein Unvermögen hält mich ganz gefangen. Hast du mit Namen mich in deine Hand, in dein Erbarmen fest mich eingeschrieben? Nimmst du mich auf in dein gelobtes Land? Werd ich dich noch mit neuen Augen sehen?

Von Zweifeln bedrängt und im Unvermögen gefangen werden existenzielle Fragen gestellt, die in ihrer Eindringlichkeit manchen Psalmen ähneln. Erst in der dritten Strophe überwiegen die Bitten, in denen Trost und Vertrauen anklingen. Die Vaterunser-Bitte um das tägliche Brot wird so aufgenommen, dass Gott selbst zum Brot des Lebens wird. »Du bist mein Atem« – Gott begegnet als der Atem, die Lebenskraft, die Energie, die das singende Ich durchpulst:

Sprich du das Wort, das tröstet und befreit und das mich führt in deinen großen Frieden. Schließ auf das Land, das keine Grenzen kennt, und lass mich unter deinen Kindern leben. Sei du mein täglich Brot, so wahr du lebst. Du bist mein Atem, wenn ich zu dir bete.

Aber es sind nicht nur die Kirchenlieder, die das Gesangbuch zur Quelle der spirituellen Inspiration werden lassen. Es finden sich darin auch die Stundengebete (Mette, Mittagsgebet, Vesper und Komplet, Evangelisches Gesangbuch, Ausgabe für die Evangelisch-Lutherische Landeskirche Sachsens, Nr. 782–786), um sie im heimischen Umfeld mit einer kleinen Gruppe singen und beten zu können.

Außerdem laden viele Texte und Gebete zu unterschiedlichen Lebenssituationen zur Stille vor Gott ein, etwa auch zu den Themen »Mit Kindern beten« (Nr. 860–870), »In Not und Krankheit« (Nr. 926–938), »Im Alter und beim Sterben« (Nr. 939–951, jeweils in der Ausgabe für die Evangelisch-Lutherische Landeskirche Sachsens).

5.4.2 Beispiel Geistliche Konzerte von Motette bis Gospel

Geistliche Konzerte erfreuen sich einer offenbar wachsenden Beliebtheit. In der Süddeutschen Zeitung war am 26. 05. 2005 zu lesen, dass es in den zurückliegenden Tagen nach einer Hochrechnung bundesweit gut 7500 Matthäus- und 4350 Johannespassionen gegeben hat (entnommen aus Martin Nicol, Weg im Geheimnis, S. 175). In der Leipziger Thomaskirche und in der Dresdner Kreuzkirche finden wöchentlich gut besuchte Motetten bzw. Vespern statt, zumeist mit den jeweiligen Knabenchören. Gesungen werden biblische Texte, die durch die jeweilige Vertonung interpretiert werden. Über die besonders geschätzten Kirchen und Chöre hinaus singen wöchentlich Tausende in verschiedenen Kirchenchören und verkündigen bei ihren Einsätzen musizierend das Evangelium. Ein wesentlicher Impuls der Reformation lebt in diesen Aktivitäten bis heute fort und begeistert die Interpreten wie die Hörer.

»Über die besonders geschätzten Kirchen und Chöre hinaus singen wöchentlich Tausende in verschiedenen Kirchenchören und verkündigen bei ihren Einsätzen musizierend das Evangelium. Ein wesentlicher Impuls der Reformation lebt in diesen Aktivitäten bis heute fort und begeistert die Interpreten wie die Hörer.«

In dem Zusammenhang gebührt zweifellos *Johann Sebastian Bach* besondere Erwähnung. Er hat wie kein zweiter das Erbe der lutherischen Reformation musikalisch fortgeführt, unter anderem die Lieder Paul Gerhardts dabei aufgegriffen und sein gesamtes Werk unter das Motto gestellt »Soli Deo Gloria« (Gott allein die Ehre). Bach verstand seine Musik als Auslegung der Heiligen Schrift. Vom schwedischen Erzbischof Nathan Söderblom (1866–1931) wird der Satz zitiert: »Fragt man mich nach einem fünften Evangelium, so nenne ich ohne Zögern die Dolmetschung der Erlösungsgeschichte, die ihren Höhepunkt in Johann Sebastian Bach erreicht hat.« (zitiert bei Peter Zimmerling, Evangelische Spiritualität, S. 256, siehe Lesehinweise am Ende von Kapitel 4) Die Attraktivität seiner Musik ist wohl auch deshalb ungebrochen, weil das menschliche Leben mit allen Schattierungen zwischen Lust und Leid in den Tönen lebt.

Neue Musik hat es gegenüber klassischen Komponisten vergleichsweise schwer, entsprechend großes Interesse zu finden. Corinna Dahlgrün beschreibt in Jörg Herchets Pfingstkantate »das kraftvolle, leise oder mächtig-überwältigende Wehen des Geistes, sein Ausgegossenwerden über die Hörenden« als beeindruckendes Hörerlebnis (Corinna Dahlgrün, Spiritualität, S. 543, vgl. Lesehinweise am Ende von Kapitel 4). Gleichzeitig stellt sie fest, dass ähnlich den modernen Ausdrucksformen in anderen Künsten Hinführungen zur Tonsprache neuer Musik hilfreich bzw. nötig sind.

»Vergleichbar großes Interesse wie klassische Motetten und Kantaten erzielen in unseren Tagen Gospelkonzerte.«

Vergleichbar großes Interesse wie klassische Motetten und Kantaten erzielen in unseren Tagen Gospelkonzerte.

Vor allem junge Leute, aber bei Weitem nicht nur, schließen sich zu Chören zusammen und pflegen einen Musikstil, der vor allem von Schwarzen in den USA geprägt wurde. Vor Jahren hatte ich Gelegenheit, entsprechende Gottesdienste in Amerika zu besuchen. Sie sind geprägt von einer auffälligen Unmittelbarkeit zwischen Prediger und Gemeinde. Was vorn gesagt wird, nehmen die Versammelten in Zwischenrufen auf, bestätigen Aussagen oder spornen die Prediger mit konkreten Appellen an wie zum Beispiel »preach it« oder »tell it«. Die dort beheimatete Gospelmusik nimmt solche Zwischenrufe ebenso auf wie die verkündigten biblischen Kernsätze. Diese Unmittelbarkeit lässt sich in unseren Breiten sicher nicht kopieren, aber die Gospelchöre hierzulande begeistern die Zuhörer durch den Rhythmus ihrer Lieder, durch die klaren und prägnanten Aussagen und sicher auch durch das veränderte Hörerlebnis biblischer Texte in englischer Sprache. Sänger und Sängerinnen, aber sicher auch Zuhörende nehmen Liedsequenzen mit hinaus auf die Straßen und in die Häuser und sind auf diese Weise inspiriert vom Evangelium. Hermann Rauhe formuliert in seinem Beitrag »Balsam für die Seele – Singen versöhnt Körper, Geist und Seele« (S. 129):

> »In der gegenwärtigen wachsenden Gospelbewegung sehe ich ein Zeichen der Sehnsucht vor allem junger Menschen nach Spiritualität und nach spontanem, ganzheitlichem, emotionalen und körperlich-sinnlichen Ausdruck ihrer Befindlichkeit und ihrer Suche nach religiösen Orientierungen.«

5.5 Orientierung an Kommunitäten und Einkehrhäusern

Evangelische Kommunitäten gibt es noch nicht lange. Zu den Anfängen gehört das von Dietrich Bonhoeffer initiierte Predigerseminar der Bekennenden Kirche in Finkenwalde. Inzwischen finden sich viele geistliche Gemeinschaften innerhalb der Evangelischen Kirche in Deutschland (eine Übersicht gibt die EKD-Schrift »Verbindlich leben«). Der Begriff *Kommunität* bezeichnet im engeren Sinn

> »evangelische Gemeinschaften, die auf Dauer nach der – häufig modifizierten – Regel der drei monastischen Gelübde zusammenleben: des Gehorsams gegen eine Leitungsinstanz, des Verzichts auf Privatbesitz und auf die Ehe. … Im weiteren Sinn findet er für Schwesternschaften, Bruderschaften und Gemeinschaften von Frauen und Männern Verwendung, deren Mitglieder zwar nach einer verbindlichen Regel ihr Christsein gestalten und auch regelmäßig zu Tagungen und Einkehrzeiten zusammenkommen, ohne sich aber aus Familie und Beruf zu lösen« (Verbindlich leben, S. 7).

Demgegenüber sind *Einkehrhäuser* in der Regel landeskirchliche Einrichtungen mit speziellen spirituellen Angeboten, ohne dass sie mit einer dauerhaft dort lebenden geistlichen Gemeinschaft verbunden sind. Kommunitäten und Einkehrhäuser verstehen sich beide als geistliche Zentren. Sie laden dazu ein, im Schweigen, durch Gebet und Meditation die Sinne zu schärfen und sich mit Leib und Seele Gottes Wort zu öffnen und sich von ihm neu ausrichten zu lassen.

5.5.1 Beispiel Stille und Meditation

Es ist in unserer mitteleuropäischen Welt nicht leicht, *Stille* zu erleben. Wohin wir auch gehen gibt es Verkehrsgeräusche, Industrielärm, Musik, Gespräche usw. Dazu kommt das Gefühl, keine Zeit zu haben, gefordert zu sein in Beruf, Familie, Freizeit, bis an den Rand des Erträglichen. Immer mehr Menschen sehnen sich, zumindest zeitweise, nach Stille.

»Immer mehr Menschen sehnen sich, zumindest zeitweise, nach Stille.«

Einkehrhäuser mit unterschiedlichen Namen, oft auch einfach »Häuser der Stille« genannt, Klöster und Kommunitäten bieten sie an, erfreuen sich an steigenden Gästezahlen. Es kommen Christen verschiedener Kirchen und Gemeinden und Konfessionslose. Manche wollen nur ein paar Stunden oder Tage für sich sein, ohne Telefon und Computer. Vielleicht bringen sie ihr Tagebuch mit und verarbeiten in Stille die Erfahrungen und Erlebnisse der letzten Zeit. Viele nutzen das Gesprächsangebot zur Seelsorge bzw. geistlichen Begleitung (vgl. unter 5.3.2) vor Ort, einige bleiben bewusst für sich. Andere wiederum suchen sich im Veranstaltungsprogramm Kurse aus, die unter Anleitung und mit einem jeweiligen Thema in die Stille führen.

In christlichen Häusern ist es die Stille vor Gott, wobei natürlich jeder selbst entscheidet, wie weit er sich darauf einlassen will. Eine einfache und leicht praktizierbare Form der Entschleunigung ist das langsame Gehen in der Natur. Dabei kann man nacheinander die innere Aufmerksamkeit den fünf Sinnen zuwenden. Also zu-

»Eine einfache und leicht praktizierbare Form der Entschleunigung ist das langsame Gehen in der Natur.«

nächst einmal nur Schauen. Vielleicht bewusst vor einem Baum oder einer Blume stehen bleiben und so schauen, als ob man zum ersten Mal die betreffende Pflanze wahrnehme. Was ansonsten um einen herum geschieht, sollte dabei bewusst und so weit wie möglich ausgeblendet werden. Es geht in diesem Moment nur um das gesammelte Anschauen des Baumes oder was es auch immer sei. Danach das Hören, wobei die Reihenfolge der Sinneswahrnehmung natürlich beliebig ist. Möglichst bei geschlossenen Augen nur hören und unterscheidend wahrnehmen, welche Geräusche das Ohr erreichen und was sie in einem auslösen. Danach das Riechen, das Schmecken und das Tasten. Die konzentrierte Sinneswahrnehmung kann ein erster Schritt sein zur körperlichen und geistigen Entschleunigung. Die Wahrnehmung von Gottes guter Schöpfung mit allen Sinnen ist vielleicht der erste Schritt zur Meditation eines Schöpfungspsalms. Beispielsweise Psalm 104 führt zum Lob Gottes: »Lobe den Herrn, meine Seele! Herr, mein Gott, du bist sehr herrlich.« (Ps 104,1)

Was aber ist *Meditation*, was wird darunter verstanden? Der Begriff »Meditation« findet sich schon in der Bibel. Im Psalm 1 heißt es im Vers 2: »Wohl dem, der Lust hat am Gesetz des Herrn und sinnt über seinem Gesetz Tag und Nacht.« Für das deutsche Wort »sinnt« steht in der lateinischen Bibel »meditabitur«. Dem entspricht ein hebräischer Begriff, der »das langsame, besinnliche, wiederholende, betrachtende und bedenkende Gebet« meint (zitiert bei Peter Zimmerling, Evangelische Spiritualität, S. 146, vgl. Lesehinweise am Ende von Kapitel 4). Meditation beschreibt also zunächst einen methodischen Vorgang, der die ganze Person betrifft und auf die eigene Erfahrung bezogen ist. Insofern kann in verschiedenen Religionen und Weltanschauungen der Begriff »Meditation« gebraucht werden. Im Bereich des christlichen Glaubens waren es die so genannten Wüstenväter im 3. und 4. Jahrhundert, die ihre gesamte Existenz auf das Evangelium und die Nachfolge Jesu ausrichteten. Durch das ständige innere bzw. halblaute Wiederholen von Schriftworten trugen sie Gottes Wort stets im Herzen. Die orthodoxe Traditionslinie bewahrte diese Unmittelbarkeit im Jesus-Gebet bzw. Herzensgebet bis heute (vgl. unter 3.2.1), während die monastische Spiritualität im Abendland Beten und Arbeiten bestimmte Zeiten zuwies. Im Mittelalter kam es zu der klassischen Formel: lectio, meditatio, oratio, contemplatio (Schriftlesung, Meditation, Gebet, Anschauung). Die drei ersten Stufen dienen der Vorbereitung, während die vierte Stufe zum Einssein mit Gott führt. Martin Luther veränderte dieses Schema deutlich, wenn er lieber von meditatio, oratio, tentatio (Anfechtung) sprach. Er löste damit die scheinbare methodische Stufenleiter zur Gottesschau auf und hielt fest, dass der geistliche Weg immer mit Anfechtungen und Zweifeln zu tun hat und dass die Meditation zur Bewährung des Glaubens im Alltag führt. Der fließende Übergang von der Schriftlesung zur Meditation und zum Gebet bei Martin Luther zeigt sich in seiner Schrift »Eine einfältige Weise zu beten, für einen guten Freund« von 1536. Luther empfiehlt darin zum Beispiel die Lesung der Zehn Gebote und schlägt vor, aus jedem Gebot ein »vierfach gedrehtes Kränzlein« zu machen.

»Meditation beschreibt also zunächst einen methodischen Vorgang, der die ganze Person betrifft und auf die eigene Erfahrung bezogen ist.«

Schriftmeditation als »vierfach gedrehtes Kränzlein« bei Martin Luther

- Gottes Gebot zunächst als eine *Lehre* betrachten, um daran zu erkennen, was Gott von mir fordert.
- Danach aus dem Gebot einen *Dank* erwachsen lassen, weil er sich »so väterlich zu mir verlorenem Menschen herunterneigt«.
- Drittens schlägt er vor, die eigene Sünde, Gedankenlosigkeit und Undankbarkeit Gott zu *beichten* und zu bekennen.
- Viertens empfiehlt er, im *Gebet* darum zu bitten, »dass ich dies dein Gebot täglich besser lerne und verstehe und mit herzlicher Zuversicht danach tun möge«.

Mit dem frühen Pietismus bei August Herrmann Francke (1663–1727) und Gerhard Tersteegen (1697–1769) erfährt die betrachtende und erfahrungsbezogene Schriftauslegung noch einmal wichtige Impulse, ehe sie dann im Gefolge der Aufklärung in den evangelischen Kirchen stark zurückgedrängt wird. Erst im 20. Jahrhundert kam es zur breiten Wiederentdeckung meditativer Zugänge, allerdings mit ausgelöst durch die Begegnung mit fernöstlichen Praktiken. Yoga aus dem Hinduismus und Zen aus dem Buddhismus fanden auch in Deutschland begeisterte Anhänger (vgl. dazu auch unter 3.2.4). Allerdings muss vor einer unbesehenen Übernahme fernöstlicher Meditationsanleitungen gewarnt werden. Die Unterschiede der Kulturen sind doch gewaltig und mit ein paar Übungen bei Beibehaltung der westlichen Lebensweise wird kaum zu erreichen sein, was viele sich vom Zen oder Yoga erhoffen. Ein großer Heiliger in Indien

– Sri Dada Ji – soll einen europäischen Christen entgegnet haben: »Gott ist im Westen wie im Osten. Fahre heim und suche Gott in deiner eigenen Welt« (zitiert bei Corinna Dahlgrün, Christliche Spiritualität, S. 516, vgl. Lesehinweise am Ende von Kapitel 4).

Eine zweckmäßige Körperhaltung befördert das Meditieren. Das Sitzen auf einem Kissen oder Kniebänkchen schafft einen geraden Oberkörper und lässt die Atmung frei ein- und ausströmen und das Blut ungehindert fließen. Die Augen können geschlossen oder geöffnet sein. Wichtig ist aber, dass der Blick nach innen gerichtet ist und nicht durch äußere Reize in die eine oder andere Richtung gelenkt wird. Wer ohne Vorerfahrungen mit Meditationsübungen beginnen möchte, suche sich am besten Anleitung dazu in Einkehrhäusern, Kommunitäten oder Klöstern.

»Eine zweckmäßige Körperhaltung befördert das Meditieren.«

Die folgenden Gesichtspunkte prägen christliche Meditation
(vgl. dazu Corinna Dahlgrün, Christliche Spiritualität. S. 529 ff, siehe Lesehinweise am Ende von Kapitel 4):

- Vor dem dreieinigen Gott erkennt der Meditierende die Welt und sich selbst ungeschönt – als Gottes geliebtes Kind und als Sünder. Die selbstgewählten und weithin unbewussten Trugbilder haben in der Stille vor Gott keinen Bestand. Erst wer sich seiner Selbsttäuschungen gewahr wird, findet in die Offenheit für Gott.
- Christliche Meditation zielt nicht in erster Linie auf das eigene Wohlbefinden. Sie führt in die Trias von Gottes-

liebe, Nächstenliebe und Selbstliebe nach Matthäus 22, 37 ff: »Du sollst den Herrn, deinen Gott, lieben von ganzem Herzen, von ganzer Seele und von ganzem Gemüt. Dies ist das höchste und größte Gebot. Das andere aber ist dem gleich: Du sollst deinen Nächsten lieben wie dich selbst. In diesen beiden Geboten hängt das ganze Gesetz und die Propheten.«

- Christliche Meditation versteht sich nicht als Stufenleiter zu Gott. Luther sprach von Meditation, Gebet und Anfechtung. Christliche Meditation weiß um die gebrochene Existenz und beugt sich vor dem bleibenden Geheimnis Gottes in den wechselnden Erfahrungen von Licht und Schatten.
- Christliche Meditation richtet sich auf den dreieinigen Gott aus. Am Ende wartet nicht die Leere, das Nichts, sondern die Fülle der Gottheit in Jesus Christus.

»Christliche Meditation weiß um die gebrochene Existenz und beugt sich vor dem bleibenden Geheimnis Gottes in den wechselnden Erfahrungen von Licht und Schatten.«

5.5.2 Beispiel Exerzitien

Der Begriff »Exerzitien« meint geistliche Übungen (vgl. auch unter 3.2.2 und 5.1.2) und stammt aus dem Bereich der katholischen Spiritualität. Er geht auf Ignatius von Loyola (1491–1550) zurück. Man spricht deshalb auch

»Der Begriff ›Exerzitien‹ meint geistliche Übungen und stammt aus dem Bereich der katholischen Spiritualität.«

von Ignatianischen Exerzitien und gibt damit die Orientierung am Exerzitienbuch an (vgl. Ignatius von Loyola, Geistliche Übungen). Ignatius war ein Zeitgenosse Luthers und wie er an einer Erneuerung des Glaubens und der Kirche interessiert. Ein einschneidendes Erlebnis in seiner Biografie, ein längeres Krankenlager und das aufmerksame Lesen der »Vita Christi« des Ludolph von Sachsen, regten seine Fantasie dazu an, sich vor allem das Leben Jesu weitschweifig auszumalen. Dieses fantasievolle Hineingehen in die biblischen Texte, die persönliche Vergegenwärtigung der Jesus-Geschichten prägen ignatianische Exerzitien bis heute. Insofern kann man auch das Spezifikum dieser Übungen als »Erlebnisfrömmigkeit« bezeichnen. »Es ist Anleiten zum Imaginieren einer Szene, bei dem die Phantasie intensiv angeregt und beansprucht wird. Es kommt darauf an, die Dinge zu spüren, mit allen Sinnen zu empfinden. Hinzu tritt die Aufforderung, sich in bestimmte Personen oder Zustände hineinzuversetzen und dann entsprechende Konsequenzen zu ziehen, zu festigen, dabei zu bleiben« (Wolfgang Dietzfelbinger, Ignatianische Exerzitien evangelisch gesehen, S. 146).

»Es ist Anleiten zum Imaginieren einer Szene, bei dem die Phantasie intensiv angeregt und beansprucht wird. Es kommt darauf an, die Dinge zu spüren, mit allen Sinnen zu empfinden.«

Exerzitien galten im evangelischen Bereich lange als verpönt. Man sah in ihnen den untauglichen Versuch, durch eigene Anstrengung (Werke) Gott gefallen zu wollen. Dabei hätte ein Vergleich zwischen dem Exerzitienbuch des Ignatius und beispielsweise Luthers Schrift »Eine einfältige Weise zu beten, für einen guten Freund« (vgl. unter 5.5.1) längst schon auffällige Parallelen erkennen lassen können.

Auch Luther gibt dort Anleitungen zu geistlichen Übungen und hat selbst seine klösterlich eingeübte Frömmigkeitspraxis unter Alltagsbedingungen modifiziert weitergeführt. In Abgrenzung zum katholischen Begriff sprach man dann in evangelischen Einkehrhäusern von Retraite – ein aus dem Französischen stammender Begriff, der zunächst »Rückzug« meint, im Bereich der geistlichen Übungen aber »Einkehrzeit« bedeutet. Langsam bürgert sich der Begriff der Exerzitien aber auch in den evangelischen Kirchen ein, nicht zuletzt auch durch ökumenische Kontakte und gemeinsame Kurse, wie sie beispielsweise zwischen dem evangelischen Haus der Stille in Grumbach bei Dresden und dem katholischen Exerzitienhaus HohenEichen in Dresden-Hosterwitz alljährlich stattfinden.

Ignatius geht von 30-tägigen Exerzitien aus, die einem exakt konzipierten und detailliert ausgeführten Wochenplan folgen. Heute finden sich unter dem Begriff Exerzitien verschiedene Zeit- und Strukturmodelle. Beispielsweise Einzelexerzitien, die weitgehend auf Gemeinschaftselemente verzichten. Dabei sind die Stundengebete, die Mahlzeiten und die Abendmahlsfeier am Abend die einzigen Zusammenkünfte der Gruppe. Jede und jeder geht in den Zeiten dazwischen den eigenen Weg, der im täglichen Gespräch mit dem Begleiter bzw. der Begleiterin thematisiert wird. Das Zeitmaß ist dabei meist eine Woche. Daneben finden sich Exerzitienkurse mit Gemeinschaftselementen, in denen täglich ein- oder auch zweimal Anregungen, Impulse für die eigene Betrachtung in der Stille gegeben werden. Auch dabei gibt es täglich ein Gespräch mit dem Exerzitienbegleiter. Häufig wird diese Form Kurzexerzitien genannt und umfasst dann nur wenige, oft vier oder fünf, Tage.

Immer handelt es sich dabei um Zeiten im durchgehenden Schweigen, auch bei den Mahlzeiten. Die Stille führt zur ehrlichen Wahrnehmung der eigenen Lebenssituation und öffnet die Sinne für die Stimme Gottes. Im Mittelpunkt stehen biblische Betrachtungen und das persönliche Gebet.

»Die Stille führt zur ehrlichen Wahrnehmung der eigenen Lebenssituation und öffnet die Sinne für die Stimme Gottes. Im Mittelpunkt stehen biblische Betrachtungen und das persönliche Gebet.«

Peter Knauer, der das Exerzitienbuch von Ignatius übersetzt und erklärt hat, schließt seine Einleitung mit Worten von Dietrich Bonhoeffer:

> »Alles, was wir mit Recht von Gott erwarten, erbitten dürfen, ist in Jesus Christus zu finden. Was ein Gott, so wie wir ihn uns denken, alles tun müsste und könnte, damit hat der Gott Jesu Christi nichts zu tun. Wir müssen uns immer wieder sehr lange und sehr ruhig in das Leben, Sprechen, Handeln, Leiden und Sterben Jesu versenken, um zu erkennen, was Gott verheißt und was er erfüllt« (S. 7).

5.6 Zusammenfassung

Das letzte Kapitel gibt einen Einblick in die gegenwärtige Formenvielfalt evangelischer Spiritualität. Es handelt sich um eine Auswahl, die Typisches benennt, keinesfalls aber die Fülle der Formen ausschöpft. Verschiedene Orientierungspunkte zeigen dabei die Bezüge auf, die das geistliche Leben der Einzelnen mit der kirchlichen Praxis verbindet.

Das Kirchenjahr führt Christen Sonntag für Sonntag und Woche für Woche durch die Heilsereignisse des christlichen

Glaubens. Die Gottesdienste nehmen in Liedern, Gebeten und biblischen Lesungen die jeweiligen Themen auf und bieten so für das geistliche Leben im Alltag Orientierung. Besondere Zeiten bringen besondere Formen hervor, etwa die Wochen des Advents (Gott öffnet uns die Tür zum Himmel und wir öffnen Türen für Andere) oder die der Passionszeit (mit dem Nachdenken über konkrete Schritte auf dem Weg der Nachfolge).

Aber nicht nur das Jahr, auch der Tag bietet Möglichkeiten zur Einübung geistlichen Lebens. Zu den klassischen Gebetszeiten morgens, mittags und abends laden täglich neu die Kirchenglocken zum Innehalten vor Gott ein. Es sind die ganz einfachen Elemente einer alltagstauglichen Spiritualität, die darin besteht, am Morgen den Tag aus Gottes Händen zu empfangen, mitten im Tagwerk aufzublicken zum Höchsten und am Abend den Tag zurückzugeben in Gottes Hände.

Die Sakramente sind Zeichen, die von Ordinierten im gottesdienstlichen Rahmen eingesetzt werden. Und doch bieten sie den Einzelnen Möglichkeiten, sich im persönlichen geistlichen Leben darauf zu beziehen. Zum Beispiel durch den Vollzug des Kreuzeszeichens als bewusste Tauferinnerung im Alltag oder das Erinnern an die sonntägliche Mahlfeier als Stärkung auf dem Weg durch die Arbeitswoche. Seelsorge und geistliche Begleitung verstehen sich als konkrete Lebenshilfe bzw. als Ausdruck der konkreten Frage nach der Erfahrbarkeit Gottes in der eigenen Biografie. In der Beichte nimmt die befreiende Kraft des Evangeliums konkrete Gestalt an, wenn Gottes Gnade einem Menschen zugesprochen wird.

Breiten Raum nimmt in reformatorischer Spiritualität die Musik ein. Schon das Evangelische Gesangbuch legt davon nicht nur Zeugnis ab, sondern lädt konkret zum Gotteslob und zum Gebet ein und gibt zu beiden viele Hilfen. Tausende singen Woche für Woche geistliche Lieder in verschiedenen Chören und finden so nicht selten konkrete Anhaltspunkte für ihren persönlichen Glauben (vgl. dazu auch unter 1.2).

Kommunitäten und Einkehrhäuser prägen zunehmend die evangelische Frömmigkeit, indem sie zu Stille und Meditation einladen und Hilfen geben, entsprechende Formen einzuüben. Dazu gehören auch Exerzitien – geistliche Übungen im Schweigen mit dem Ziel, sich Gott zu öffnen und seine Gegenwart konkret zu erfahren.

Elemente gegenwärtiger evangelischer Spiritualität – so war dieses Schlusskapitel überschrieben. Vielfältig sind die beschriebenen Formen. Breit ist das spirituelle Spektrum im Rahmen protestantisch geprägten Christseins. Besondere Aufmerksamkeit genießen dabei alltagstaugliche Formen (vgl. unter 4.3). Vieles ist beschrieben – nicht nur in diesem Büchlein. An Möglichkeiten zu einem individuellen geistlichen Leben fehlt es sicher nicht. Fulbert Steffensky schreibt: »An Spiritualität ist vor allem der Name fein. Die Sache selber hat viel zu tun mit Methode, mit Regelmäßigkeit, mit Wiederholung. Es ist eine Selbstkonstitution im Banalen und Alltäglichen. Und damit kann jeder arbeiten, der vom Leben nicht zu sehr erdrückt ist.« (Fulbert Steffensky in Dorothee Sölle, Mystik und Widerstand, S. 13, siehe Lesehinweise am Ende des Kapitels.)

»An Spiritualität ist vor allem der Name fein. Die Sache selber hat viel zu tun mit Methode, mit Regelmäßigkeit, mit Wiederholung. Es ist eine Selbstkonstitution im Banalen und Alltäglichen.«

Wenn Sie, liebe Leserin und lieber Leser, bis zu diesem Punkt bei der Lektüre gekommen sind, dann verfügen Sie vermutlich über Erfahrungen mit Gott auf dem Weg des Glaubens oder Sie haben Sehnsucht danach. Wenn Sie bereits auf einem spirituellen Weg sind, finden Sie vielleicht die eine oder andere Anregung. Sie kennen ihre persönlichen Vorlieben und wissen, dass es oft nicht leicht ist, den Übungscharakter, oder mit den oben zitierten Worten, die Regelmäßigkeit im geistlichen Leben durchzuhalten. Aber jeder neue Morgen bietet dazu ja einen neuen Anfang. Wer Sehnsucht hat nach einem geistlichen Übungsweg, dem empfehle ich, die Sehnsucht zu pflegen, sie wieder und wieder wahrzunehmen und Ausschau zu halten nach Formen, Zeiten und Orten für einen Anfang. Nach meiner persönlichen Erfahrung findet die Sehnsucht hier und da Anfänge und bahnt sich so einen oft nicht geradlinigen Weg zur Erfüllung.

Zum Weiterlesen:

Wolfgang Dietzfelbinger, Ignatianische Exerzitien evangelisch gesehen, in: Gerhard Münderlein (Hrsg.), Aufmerksame Wege. Erfahrungen evangelischer Christen mit den Exerzitien des Ignatius von Loyola, München 1999, S. 136–149

Heiko Franke, Manfred Kießig, Wo der Glaube wohnt. Das Wesen und die Sendung der Kirche, Leipzig 2013, bes. 77–111

Willi Lambert, Gebet der liebenden Aufmerksamkeit, 3. Aufl., Trier 2010

Ignatius von Loyola, Geistliche Übungen und erläuternde Texte übersetzt und erklärt von Peter Knauer, Leipzig 1978

Martin Luther, Eine einfältige Weise zu beten, für einen guten Freund, in: Ausgewählte Schriften, hg. von Karin Bornkamm und Gerhard Ebeling, 2. Band, Insel-Verlag 1983 (2), S. 269–292

Martin Nicol, Weg im Geheimnis. Plädoyer für den Evangelischen Gottesdienst, Göttingen 2009

Hermann Rauhe, Balsam für die Seele – Singen versöhnt Körper, Geist und Seele, in: Maria Jepsen (Hg.), Evangelische Spiritualität heute. Mehr als ein Gefühl, Stuttgart 2004, S. 123–133

Dorothee Sölle, Mystik und Widerstand. Du stilles Geschrei, Hamburg 1997

Ralf Stolina, Lebens-Gespräch mit Gott, in: Pastoraltheologie, Heft 7, 2010, S. 288–305

Verbindlich leben. Kommunitäten und geistliche Gemeinschaften in der evangelischen Kirche in Deutschland. Ein Votum des Rates der EKD zur Stärkung evangelischer Spiritualität, EKD Texte 88, Hannover 2007

Peter Zimmerling, Beichte. Gottes vergessenes Angebot, Leipzig 2014

Editorial zur Reihe

Im Gespräch mit Gemeindegliedern und besonders in der Zusammenarbeit mit ehrenamtlichen Mitarbeiterinnen und Mitarbeitern in Kirche und Diakonie lässt sich zunehmend ein sehr großes Interesse an theologischen Fragen beobachten. Viele wünschen sich, theologisch besser informiert zu sein. Vor allem kirchliche Mitarbeiter im Ehrenamt verstehen sich nicht als bloße »Helfer« der Pfarrer, sondern als Partner auf gleicher Augenhöhe. Um sich aber mit ihren spezifischen Erfahrungen und Kompetenzen sinnvoll einbringen zu können, brauchen sie theologische Bildung. Erst theologische Sachkenntnis ermöglicht ein angemessenes Wirken nach innen und nach außen. Und: Theologie ist eine spannende Sache, die Leidenschaft weckt und helfen kann, angstfrei in Gemeindegruppen Diskurse zu führen und zu leiten oder mit Menschen ohne jeden religiösen oder christlichen Hintergrund zu debattieren und ihnen den eigenen Glauben zu erklären.

Theologisches Wissen darf deshalb nicht den für kirchliche Berufe Ausgebildeten vorbehalten bleiben. Die Reihe »Theologie für die Gemeinde« stellt sich dieser Aufgabe. Sie präsentiert die wichtigsten theologischen Themen für Gemeindeglieder in 18 Taschenbüchern, von denen jeweils drei die Thematik eines Teilbereiches entfalten:

Die Grundlagen kennen:	Warum Gott? / Der Mensch in seiner Würde und Verantwortung / Die Kirche
Die Quellen verstehen:	Glaubenserfahrung im Alten Testament / Glaubenserfahrung im Neuen Testament / Die Bibel verstehen und auslegen
Gottesdienst feiern:	Kirchenräume und Kirchenjahr / Gottesdienst verstehen und gestalten / Geistlich leben

In der Welt glauben:	Glaube und Wissenschaft / Glaube und Ethik / Christsein in pluralistischer Gesellschaft
Gemeinde gestalten:	Gemeinde entwickeln und leiten / Eine kleine Gemeindepädagogik / Diakonie, Seelsorge, Mission
Die Geschichte wahrnehmen:	Kirchengeschichte im Überblick / Die Reformation und ihre Folgen / Ökumenische Kirchenkunde

Mit den verschiedenen Bänden unserer Reihe sollen den Gemeindegliedern preiswerte und ansprechende Taschenbücher angeboten werden, in denen Fachleute in kompakter Form und elementarisierender Sprache zu den wesentlichen Themen der Theologie Auskunft geben – ohne zu viel an Vorwissen zu unterstellen, aber auch ohne die Glaubens- und Lebenserfahrung der Leserschaft und die in unseren Kirchen diskutierten Fragen zu übersehen.

Für die Mitarbeit konnten wir Autoren und Autorinnen aus dem universitären Bereich und gemeindenahen Zusammenhängen sowie Mitarbeiter an Projekten und Aufgaben der VELKD gewinnen, Frauen und Männer aus verschiedenen Generationen aus Sachsen, Thüringen, Sachsen-Anhalt, Nordrhein-Westfalen, Baden-Württemberg und Bayern.

Die so entstandenen Bücher sind zur privaten Lektüre gedacht und leiten zur persönlichen Auseinandersetzung mit den Themen des Glaubens an. Sie können aber ebenso Anregungen für das Gespräch in Gemeindeseminaren, Bibelkreisen oder Hauskreisveranstaltungen geben und die Arbeit im Kirchenvorstand unterstützen. Insofern sind sie im besten Sinne »Theologie für die Gemeinde«.

Heiko Franke / Wolfgang Ratzmann

THEOLOGIE FÜR DIE GEMEINDE
präsentiert die wichtigsten theologischen Themen aufbereitet für die praktische Gemeindearbeit. Im Blickpunkt stehen Ehrenamtliche und aktiv mitarbeitende Gemeindeglieder.

Theologie ist spannend. Vor allem aber ermöglicht die Beschäftigung mit theologischen Grundlagen, unbefangen und kompetent über den eigenen Glauben zu sprechen und Zusammenhänge zu erklären. Dabei zu helfen, ist das Anliegen dieser Buchreihe. Fragen wie »Gibt es einen Teufel?« oder »Was ist ein Sakrament?« werden ebenso geklärt wie die Bedeutung der christlichen Feiertage und die Lehre der Dreifaltigkeit. In Zusammenfassungen und Übersichten werden die wichtigsten Informationen leicht verständlich dargestellt.

Idee und Konzeption der Reihe wurden von Dr. Heiko Franke und Prof. Dr. Wolfgang Ratzmann in Zusammenarbeit mit der Ehrenamtsakademie der Evangelisch-Lutherischen Landeskirche Sachsens unter Leitung von Joachim Wilzki entwickelt. Unterstützt wird das Projekt von der Vereinigten Evangelisch-Lutherischen Kirche Deutschlands (VELKD).

I Die Grundlagen kennen

Wilfried Härle
Warum Gott?
Für Menschen die mehr wissen wollen

Den eigenen Glauben verstehen und erklären können wird gerade in unserer säkularisierten Welt immer wichtiger. Wilfried Härle bietet dafür eine konkrete Hilfe, indem er theologische Zusammenhänge leicht verständlich erklärt und darstellt, was es mit dem Glauben an Gott auf sich hat.

2013 | ThG I/1 | 312 Seiten | ISBN 978-3-374-03143-6
€ 14,80 [D] (Paperback) | **€ 14,99 [D]** (E-Book)

Gunda Schneider-Flume
Wenig niedriger als Gott?
Biblische Lehre vom Menschen

Die biblische Tradition nimmt den Menschen aus der Perspektive der Geschichte Gottes wahr. Die vielen Lebens- und Glaubenserfahrungen der Menschen, von denen die Geschichten der biblischen Bücher erzählen, müssen in die heutige Zeit übersetzt werden.

2013 | ThG I/2 | 112 Seiten | ISBN 978-3-374-03182-5
€ 9,90 [D] (Paperback) | **€ 9,99 [D]** (E-Book)

Heiko Franke | Manfred Kießig
Wo der Glaube wohnt
Das Wesen und die Sendung der Kirche

Wie ist die Kirche entstanden? Was macht die Kirche zur Kirche? Wozu ist die Kirche da? Wie verhalten sich Kirche und Reich Gottes zueinander? Vor dem Hintergrund solcher Fragen werden die Grundzüge einer Lehre von der Kirche vorgestellt. Sie orientieren sich an den Grundentscheidungen der Reformation, bringen aber gleichzeitig dem Wirken des Heiligen Geistes in der Ökumene Aufmerksamkeit und Achtung entgegen.

2013 | ThG I/3 | 136 Seiten | ISBN 978-3-374-03185-6
€ 9,90 [D] (Paperback) | **€ 9,99 [D]** (E-Book)

EVANGELISCHE VERLAGSANSTALT
Leipzig www.eva-leipzig.de facebook.com/leipzig.eva

Telefon 03 41 / 7 11 41-16 | Fax 03 41 / 7 11 41-50 | E-Mail vertrieb@eva-leipzig.de

Fromm und frei

Theologie für die Gemeinde

Im Auftrag der Ehrenamtsakademie
der Ev.-Luth. Landeskirche Sachsens herausgegeben
von Heiko Franke und Wolfgang Ratzmann

Gedruckt mit Unterstützung der Vereinigten
Evangelisch-Lutherischen Kirche Deutschlands (VELKD)

Band III/3